BENOIT BERNECHE
6820 DE LORIMIER
MONTREAL (QUEBEC)
H2G 2P9

D0947598

DOUZE COUPS DE THÉÂTRE

DU MÊME AUTEUR

Théâtre

Les Belles-Sœurs, 1972
En pièces détachées, 1970
Trois petits tours, 1971
À toi pour toujours ta Marie-Lou, 1971
Demain matin, Montréal m'attend, 1972
Hosanna suivi de La duchesse de Langeais, 1973
Bonjour là, bonjour, 1974
Les Héros de mon enfance, 1976
Sainte Carmen de la Main, suivi de Surprise ! Surprise !, 1976
Damnée Manon, sacrée Sandra, 1977
L'Impromptu d'Outremont, 1980
Les Anciennes Odeurs, 1981
Albertine en cinq temps, 1984
Le Vrai monde ?, 1987
Nelligan, 1990
La Maison suspendue, 1990
Le Train, 1990
Marcel poursuivi par les chiens, 1992

Romans

La Grosse Femme d'à côté est enceinte, 1978
Thérèse et Pierrette à l'école des Saints-Anges, 1980
La Duchesse et le roturier, 1982
Des nouvelles d'Édouard, 1984
Le Cœur découvert, 1986
Le Premier quartier de la lune, 1989

Récits

Les Vues animées, 1990

Adaptations (théâtre)

L'Effet des rayons gamma sur les vieux garçons (de Paul Zindel), 1970
Et Mademoiselle Roberge boit un peu (de Paul Zindel), 1971
Mademoiselle Marguerite (de Roberto Athayde), 1975
Oncle Vania (d'Anton Tchekov), 1983
Le Gars de Québec (d'après Gogol), 1985
Six heures au plus tard (de Marc Perrier), 1986

Michel Tremblay

DOUZE COUPS
DE THÉÂTRE

récits

LEMÉAC

DONNÉES DE CATALOGAGE AVANT PUBLICATION (CANADA)

Tremblay, Michel, 1942-

   Douze coups de théâtre

   (Récits)

   ISBN 2-7609-3148-X

   I. Titre.

PS8539.R47D68 1992   C843'.54   C92-096674-8
PS9539.R47D68 1992
PQ3919.2.T73D68 1992

Nous remercions le Conseil des arts du Canada pour l'aide généreuse accordée à la publication de ce livre.

© Copyright Ottawa 1992 par Leméac Éditeur Inc.
1124, rue Marie-Anne Est, Montréal (Qc) H2J 2B7
Dépôt légal — Bibliothèque nationale du Québec, 2e trimestre 1992

Imprimé au Canada

Pour Rhéauna Rathier,
moitié Cri, moitié Française, ma mère ;
pour Armand Tremblay,
moitié Tremblay, moitié Tremblay, mon père.
Je les ai aimés, je les ai perdus ;
je m'ennuie.

BABAR LE PETIT ÉLÉPHANT

J'ai assisté à mon premier spectacle de théâtre à l'âge de six ans. Et ce ne fut pas une très heureuse expérience. C'est-à-dire que le spectacle, lui, m'enchanta, mais un fâcheux incident m'empêcha de l'apprécier à sa juste valeur et j'en revins plus malheureux que conquis.

Mes deux meilleures amies, Ginette et Louise Rouleau, avaient comme nouveaux voisins de palier un réalisateur de radio, Bruno Paradis, qui, plus tard, deviendrait le maître d'œuvre des *Belles Histoires des pays d'en haut* à la télévision, et sa petite famille : sa femme, dont j'ai oublié le nom et que nous croyions Française parce qu'elle parlait « bien », et son fils Jean, avec qui je m'étais rapidement lié d'amitié. Je crois me souvenir qu'il y avait aussi une fillette beaucoup plus jeune que moi mais je n'en suis pas certain. Ils habitaient au troisième étage, au bout d'un étroit et très à pic escalier intérieur, les Rouleau à gauche, les Paradis à droite, deux appartements de cinq pièces beaucoup plus clairs, à cause de la hauteur, que notre sombre sept pièces à nous tout en longueur et garni comme un capharnaüm.

La porte des Rouleau m'était toujours ouverte ; je n'avais qu'à frapper en m'annonçant et je pouvais entrer comme chez moi. Celle des Paradis, cependant, était fermée à tout le monde. Personne n'avait jamais vu leur intérieur. Quand nous voulions voir Jean, nous frappions à sa porte, attendions que sa mère ou lui-même vienne répondre et restions dans l'escalier, sans jamais être invités à entrer. Il m'arrivait d'étirer un peu le cou pour essayer d'écornifler, mais la mère de Jean me disait :

« Ce n'est pas poli d'espionner chez les gens, Michel ! »

Madame Paradis était la première personne que je rencontrais dans ma vie qui utilisait les négations, j'étais donc très impressionné. En fait, elle parlait comme les actrices de la radio, Gisèle Schmidt dans *Grande Sœur* ou Yanina Gascon dans *Ceux qu'on aime* (que j'appelais *C'est qui qu'on aime* dans mon langage d'enfant de cinq ans). J'aurais pu l'écouter pendant des heures. Elle avait quelque chose d'irréel, presque d'un autre monde, parce qu'elle ne s'exprimait pas comme les femmes que je connaissais. Maman, qui était la personne qui parlait le mieux dans la famille avec mon frère Jacques, disait bien moi, toi, et ici, mais pour le reste c'était du bon vieux montréalais.

Nous nous assoyions souvent tous les quatre, Ginette, Louise, Jean et moi, sur la dernière marche de l'escalier, entre les deux portes ouvertes, et nous nous amusions avec les poupées à découper des filles ou les miennes — j'en ai raffolé jusqu'à ce que j'entre à l'école. Jean Paradis était le seul petit garçon du quartier qui acceptait de jouer avec nous quand nous sortions nos poupées à découper, mais comme il n'en possédait pas lui-même, il apportait ses soldats de plomb qu'il essayait d'habiller avec les costumes de papier. C'était évidemment impossible et il se fâchait quand nous riions trop de lui et de ses ridicules soldats déguisés en filles.

Les deux mères nous surveillaient, évidemment, chacune installée dans son salon, celle des deux filles tricotant des bas ou des chandails, celle de Jean feuilletant des revues chic. S'il nous arrivait d'imiter la façon un peu précieuse de s'exprimer du petit Paradis, madame Rouleau riait ; si par malheur Jean attrapait une de nos expressions ou se mettait à rouler les « r » comme nous, sa mère le grondait. Et elles ne se parlaient pas. Elles se saluaient lorsqu'elles se croisaient dans l'escalier, elles étaient bien obligées, mais je ne les ai jamais vues se parler. Gêne de la part de madame Rouleau devant ce qu'elle croyait être une dame de la haute égarée sur le Plateau Mont-Royal ? Snobisme chez l'autre pour qui cet étroit logement représentait un revers de fortune ? Nous ne l'avons jamais su. Mais nous savions, mes amies et moi, parce qu'on nous le rappelait sans cesse et peut-être aussi à cause d'une grâce naturelle chez Jean Paradis que nous ne possédions pas, de quel côté de la clôture nous provenions et qu'il fallait y rester.

J'aimais beaucoup Jean à cause de sa grande douceur, de sa gentillesse, du monde mystérieux d'où il venait, mais en même temps je lui enviais ses beaux habits, *princiers* disait ma mère, que j'aurais voulu lui arracher de sur le dos même s'ils étaient trop petits pour moi. Ma mère faisait ce qu'elle pouvait avec l'argent qu'elle avait mais j'étais tout de même toujours habillé chez Woolworth ou chez Larivière et Leblanc, sur la rue Mont-Royal, et ça paraissait, tandis que Jean... Il portait déjà le pantalon long, le chanceux, il possédait au moins deux paires de *breeches* ornées de magnifiques renforts de genoux en vrai cuir alors que je me prome-

13

nais encore en culotte courte et en bas golf. Et il était plus jeune que moi !

Tout était différent chez lui, même le savon qu'ils utilisaient dans cette famille ne sentait pas la même chose que le nôtre ! Nous, on se lavait au complet une fois par semaine dans une baignoire d'eau froide dans laquelle on versait un canard d'eau chaude ; le reste de la semaine, comme le disait si bien ma mère, on se lavait paroisse par paroisse. Eux sentaient toujours fort et propre. Maman disait :

« On sait ben, sont trois pis nous autres on est douze ! Voyez-vous ça d'ici, si y fallait qu'on se mette tou'es douze à vouloir prendre un bain tou'es jours ? À moins qu'y'ayent fait poser une douche ! Si on avait ça, nous autres aussi, le farcin nous roulerait pas entre les orteils au bout de la semaine ! »

Elle exagérait, bien sûr, mais, et c'était là une de ses grandes qualités, ses outrances étaient imagées et efficaces : on voyait toujours tout de suite ce qu'elle voulait dire.

Nous avions, si je me souviens bien, chacun notre journée pour prendre notre bain (ce qui faisait quand même presque deux grands lavages par jour) ; moi, c'était le vendredi et j'en garde un souvenir affreux. Ce n'était pas que je n'aimais pas prendre un bain, mais ma mère en profitait toujours pour me laver la tête ! Il faut dire qu'elle s'y prenait bien mal pour une femme qui savait si bien élever ses enfants.

Le souper fini, le vendredi soir, elle mettait une bouilloire à chauffer sur le poêle à charbon et j'allais me cacher, la plupart du temps dans la chambre de ma grand-mère, ou dans celle de ma tante Robertine, si ma

14

grand-mère était en train de lire ou si elle dormait. Ma mère venait me chercher par la peau du cou et, avant de me plonger dans la baignoire, me couchait sur le dos sur l'armoire de la cuisine, la tête au-dessus d'une cuve d'eau savonneuse. Elle m'aurait installé à plat-ventre que je n'aurais pas autant détesté me faire laver les cheveux, mais *sur le dos* ! Je paniquais en voyant ses bras s'activer au-dessus de moi et lorsque venait le temps de me rincer la tête, que je voyais tomber l'eau sur moi en trombes terrifiantes, je me mettais à hurler. J'avais peur de mourir. J'avais peur de me noyer (mon frère Bernard m'avait dit qu'on pouvait se noyer dans un pouce d'eau !). Je gigotais, ma mère avait de la difficulté à me retenir, et lorsque venait le temps de me plonger dans la baignoire, j'étais tellement épuisé que je n'arrivais pas à vraiment apprécier la douceur de l'eau sur mon corps, les mains de maman qui me savonnaient vigoureusement avec une éponge. Je n'arrivais pas non plus à me détendre et je sortais de là gelé et déçu alors que pendant toute la semaine j'avais entendu tous les autres membres de la maisonnée se pâmer sur les bienfaits de la baignoire :

« On sort de là comme neuf ! On dirait que la vie est plus belle ! Eh que ça fait du bien ! »

Un vendredi soir de mai, donc, frais lavé, peigné de près, un peu engoncé dans mon petit chandail rayé parce que je grandissais trop vite et que ma mère ne voulait pas faire sa razzia annuelle chez Woolworth avant le début de l'été, je me présentai chez Jean Paradis, sûr de faire mon effet parce que je sentais bon et que je brillais comme un sou neuf. La porte des Rouleau était fermée. Je crus qu'ils étaient partis magasiner sur la rue Mont-Royal. Je frappai comme je le fai-

15

sais toujours sur le bas de la porte d'entrée des Paradis, avant d'être vraiment arrivé en haut de l'escalier.

Ce fut une étrangère qui vint m'ouvrir.

Elle était un peu plus âgée que la mère de Jean mais elle venait du même monde, c'était évident, puisqu'elle n'avait pas enlevé son chapeau en entrant dans la maison. Chez nous, quand la visite arrivait, ma mère disait toujours : « Enlevez donc vos chapeaux... » Je restai un peu interdit, la dame me sourit.

« Je suppose que tu viens voir Jean ? »

Je fis signe que oui, elle me fit signe d'entrer. J'ai failli crier : non, non, dites-moi pas d'entrer, la mère de Jean veut pas, mais la curiosité l'emporta, et pour la première fois depuis que les Paradis étaient déménagés, je posai le pied dans leur maison.

Mais pas pour longtemps. La mère de Jean descendait déjà le corridor, tirant son enfant par la main, furieuse de me voir fouler le sol de son royaume.

« Allez jouer dehors, les enfants, la température est assez douce... »

J'ai juste eu le temps, avant de me retrouver à ma place habituelle dans l'escalier, de me rendre compte que leurs meubles sortaient directement des grands magasins du bas de la ville et que madame Paradis avait bien raison de nous empêcher d'aller tout salir. Je me voyais mal, avec mes culottes sales, jouer aux serpents et aux échelles sur le tapis quasiment blanc !

Puis la tante de Jean, je supposais que c'était sa tante, demanda à madame Paradis :

« C'est bien le petit garçon dont tu m'as parlé ? »

La mère de Jean me regarda un peu trop longtemps à mon goût avant de répondre :

16

« Oui, comme je te le disais, c'est le moins terrible du groupe. »

On avait parlé de moi chez les Paradis ! Je rosis de plaisir. Et pour leur prouver qu'il valait vraiment la peine qu'on me remarque dans leur monde, je me mis à faire le smatte. Quelques secondes plus tôt, j'étais une tombe fermée pour l'éternité et soudain je babillais comme une source intarrissable... Je voulais me montrer fin, intelligent, savant, drôle ; je ne réussis qu'à faire un fou de moi.

Tout ça à cause d'une chose très importante que venait de m'apprendre mon père et dont je voulus faire étalage.

Au souper, mon père m'avait dit que j'étais assez vieux maintenant et assez responsable pour apprendre à traverser tout seul les rues *avec des lumières* ! Ma mère avait protesté mais mon père lui avait rappelé qu'à mon âge il parcourait déjà une grande partie de l'île de Montréal à pied pour aller chercher du charbon et elle se tut, de peur qu'il s'étende trop longtemps une fois de plus sur son enfance malheureuse. (Il aurait suffi qu'elle dise : « Voyons donc, Armand, viens pas me faire accroire que t'allais chercher du charbon à l'âge de six ans ! » pour qu'une discussion sans fin s'engage entre eux...) Mais pendant qu'il m'expliquait comment traverser les rues avec des lumières, elle me faisait des mines dans son dos pour bien me montrer qu'elle, elle ne me laisserait pas faire comme ça.

J'avais tout bien écouté, tout bien enregistré, tout bien mémorisé, et c'est cette leçon que je répétais devant la mère et la tante de Jean Paradis. J'avais resti-tué l'anecdote au grand complet, le souper, le discours de mon père, les protestations de ma mère, les explications détaillées au sujet des lumières vertes et des lumières rouges. J'en étais à la conclusion :

« Ça fait que quand la lumière est verte on peut traverser mais quand la lumière est rouge c'est les chars qui traversent. »

Petite grimace de la mère de Jean.

« Michel, on ne dit pas "char", on dit voiture. »

Je me repris donc.

« Les voitures partent quand la lumière est rouge. »

Autre petite grimace de la mère de Jean.

« Mais non, les voitures elles aussi partent au feu vert.

— Ben non. Si tout le monde part quand la lumière est verte, tout le monde va partir en même temps pis on va toutes se tuer !

— Michel, écoute-moi bien. Quand le feu passe au vert, les voitures à côté et devant toi partent elles aussi...

— Parce que c'est rouge !

— Mais non, parce que c'est vert pour elles aussi ! Si c'est vert pour toi, c'est vert pour elles ! »

Je commençais à douter de l'intelligence de cette femme que j'avais pourtant toujours trouvée si brillante.

« Ça peut pas être vert pour les chars pis pour moé en même temps, ça se peut pas, ça...

— Mais oui... Tu ne comprends pas ce que je veux dire... »

La tante de Jean avait posé la main sur l'avant-bras de sa sœur ou de sa belle-sœur.

« On ne discute pas avec un enfant, ma chérie...

— Mais il faut qu'il comprennne que les voitures aussi partent au feu vert ! Sinon il va se faire tuer !

— Écoute, son père lui a expliqué, de façon à ce qu'il comprenne, quand *lui* doit traverser la rue. Il faut se mettre à sa place à lui... Il n'a pas à savoir les règles de conduite d'une voiture ! Ces gens-là n'ont probablement pas de voiture, ma chérie... »

La mère de Jean me jeta un drôle de regard et partit sans ajouter un mot en direction de la cuisine.

J'étais très troublé. Je m'adressai à mon ami qui devait me comprendre puisque nous étions presque du même âge.

« A'l' a pas raison, ta mère, hein ? »

Jean n'avait pas l'air de savoir du tout de quoi il était question. Je me tournai donc vers sa tante.

« Si a' traverse quand la lumière est rouge, a' va se faire écraser, madame Paradis !

— Ce n'est pas ça qu'elle a dit, Michel.

— Ben oui... A' dit que les chars, euh... les voitures, partent en même temps que moé...

— Elle ne parlait pas des voitures qui sont dans la rue transversale, elle parlait des voitures qui se trouvent dans la rue parallèle à toi... »

C'est là que j'ai bloqué. Deux mots que je ne connaissais pas dans la même phrase, c'était trop. Elle s'en rendit compte, sourit.

« Ne pense plus à ça... vous avez raison tous les deux...

— On peut pas avoir raison tous les deux, voyons donc ! Ça se peut pas ! Dans une chicane, y'a toujours quelqu'un qui a raison, pis quelqu'un qui a tort ! »

Elle se mit en petit bonhomme devant moi, chose que la mère de Jean n'avait jamais faite, et me parla très doucement.

« Demain après-midi, j'amène Jean assister à un spectacle et j'aimerais que tu viennes avec nous. J'ai demandé à la maman de Jean s'il avait un ami dans le quartier que je pouvais amener avec nous et elle m'a parlé de toi. »

Le brusque changement de conversation et de ton m'étonna un peu.

« C'est quoi ça, un spectacle ?

— Tu le verras bien... C'est un peu comme le cinéma mais en vrai... Avec de vrais personnages vivants... »

Je ne comprenais pas trop ce qu'elle m'expliquait.

« Ça se passe sur une scène au lieu de se passer sur un écran... mais tu verras tout ça demain si tu viens avec nous... Va demander à ta maman si je peux t'amener... Tu lui diras que ça s'intitule *Babar le petit éléphant*... »

Babar le petit éléphant ! J'aimais déjà ça !

* * *

La porte des Paradis venait de se refermer, j'allais redescendre lorsque celle des Rouleau s'ouvrit brusquement.

C'était Ginette qui semblait furieuse.

« T'as pas cogné chez nous ?

— Ben non, j'pensais que vous étiez partis magasiner...

— T'aurais pu t'essayer pareil, des fois qu'on aurait été là !

— Mais j'pensais que vous étiez partis !

— On l'était pas ! On était ici ! Pis j'arais peut-être aimé ça, moé aussi, aller au pestacle ! »

Elle avait tout entendu !

20

« Ben, viens... »

— J'ai pas été invitée !

— T'as juste à leur dire que ça te tente...

— En tout cas, tu me diras si c'tait bon ! »

La porte était refermée, Ginette avait diparu, je l'entendais courir vers la cuisine...

Je rentrai à la maison en espérant ne pas avoir perdu une amie pour toujours.

* * *

« Y me semblait ben, aussi, que c'te monde-là finirait par te mettre des idées folles dans la tête !

— C'est pas des idées folles, moman, c'est un spectacle !

— J'y vas-tu, moi, au spectacle ?

— Tu vas souvent aux vues...

— Les vues, c'est pas un spectacle ! En fait, oui c'est un spectacle, mais... En tout cas, j'ai pas envie que tu te mettes à faire des crises à tout bout de champ pour aller voir Babar en personne tou'es samedis ! »

La petite cuiller faisait un bruit de clochette contre la paroi de sa tasse de thé bouillant. Puis ma mère tira sur sa robe.

Je ne savais évidemment pas encore ce que c'était que d'être de mauvaise foi mais j'avais compris depuis longtemps que lorsque ma mère, au cours d'une discussion, se mettait à tirer sur sa robe comme pour l'allonger, ça voulait dire qu'elle ne disait pas tout à fait ce qu'elle pensait, qu'elle criait uniquement pour marquer son point, qu'elle continuait à discuter tout en sachant qu'elle avait tort et que si j'étais patient, si je ne pleurais pas, si je la laissais parler jusqu'au bout sans l'interrompre, je finirais par avoir ce que je voulais.

Je l'ai donc laissée critiquer tant qu'elle le voulait les madames riches qui venaient mettre des idées de grandeur dans la tête des enfants pauvres en me disant que ça allait lui passer.

J'avais enfilé mon pyjama vers huit heures et j'étais allé rejoindre ma mère et ma tante Robertine sur le balcon. C'était une superbe soirée de mai agrémentée de cris d'engoulevents et de chats qui miaulent à la lune. C'était aussi la première fois qu'on pouvait vraiment s'installer sur le balcon cette année-là et ma tante Robertine disait qu'elle se sentait comme un rat qui sort de son égout après huit mois d'emprisonnement. Ma mère, qui n'appréciait pas du tout l'image, lui fit un signe de tête en regardant dans ma direction. Sa belle-sœur haussa les épaules.

« On peut parler devant lui... De toute façon, y'écoute toujours toute !

— Y'écoute pas toute, Bartine, y'entend toute c'qu'on dit parce qu'on oublie qu'y'est là, c'est pas pareil.

— Si on oublie qu'y'est là, c'est parce qu'y sait se faire oublier...

— Où c'est que tu veux en venir, là...

— Nulle part, j'dis juste qu'on peut parler devant lui, c'est vous qui partez en peur, là... »

Je savais qu'elles en auraient pour le reste de la soirée à discuter, alors je me suis levé pour aller rendre une petite visite à la mère de mon père qui lisait dans son lit.

Ma grand-mère paternelle dévorait littéralement les livres que mes cousines allaient lui chercher à la bibliothèque depuis qu'elle avait de la difficulté à se déplacer à cause d'un problème à la jambe droite. Elle et son amie madame Allard, qui habitait juste en face, s'échangeaient les œuvres qu'elles venaient de terminer avant de les remettre et elles étaient abonnées à deux succursales différentes, celle de l'Immaculée-Conception et la bibliothèque municipale en face du parc Lafontaine, ce qui veut dire qu'elles lisaient six bouquins par semaine chacune. Les livres à couvertures grises ou brunes que je voyais entre les mains de ma grand-mère étaient toujours vieux et décatis et j'ai longtemps pensé que les volumes neufs étaient faits pour les jeunes et les usagés pour les vieux.

Elle me reçut avec un petit sourire en coin, posa son livre sur le couvre-lit.

« Ça brasse su'l'balcon ! »

La fenêtre de sa chambre donnait sur l'escalier extérieur qui conduisait au balcon ; elle avait tout entendu.

Son lit était tout petit mais, elle-même étant minuscule, je pouvais facilement me glisser à côté d'elle. Nous avions alors l'air de deux enfants sagement couchés côte à côte, elle sous la couverture malgré la chaleur, moi par-dessus.

« Que c'est que tu lis ?

— Un livre d'Henry Bordeaux.

— Tu m'as répondu la même chose l'aut'jour.

— C'est parce que j'aime beaucoup les livres de c'te monsieur-là...

— C't'un autre livre avec pas d'images ?

— C't'un autre livre avec pas d'images. »

Je pris le volume précautionneusement entre mes mains, le feuilletai. Ça sentait la poussière et le papier jauni.

« J'ai hâte d'apprendre à lire...

— Tu m'as dit la même chose l'aut'jour. »

Elle sentait le camphre. Je voyais la petite épingle dorée retenant le carré de camphre qui n'avait pas quitté sa jaquette depuis le mois de novembre.

« Tu sens l'hiver.

— T'as ben raison, j'devrais ôter ça... »

Elle entreprit de dégrafer l'épingle mais ses mains s'étaient déformées un peu plus ces derniers mois ; je dus l'aider avec mes petits doigts malhabiles.

« Tu veux y aller au spectacle demain, hein ?

— Certain... Jean Paradis y va avec sa matante, j'veux y aller moé aussi !

— J'vas parler à ta mère...

— Pourquoi tu penses qu'a' veut pas que j'aille ?

— C'est pas qu'a' veut pas que t'ailles... c'est juste que c'est pas son idée à elle... pis qu'a' l' a probablement peur d'être inquiète. Tu comprends, a' sera pas avec toé pour te surveiller...

— La madame a l'air fine, a' parle comme dans le radio !...

— Mais on la connaît pas. »

Un bruit de pas dans le corridor, la tête de ma mère dans l'entrebâillement de la porte.

« Michel, laisse ta grand-mère tranquille, c'est l'heure du lit. »

Me sentant protégé par la présence de ma grand-mère, je pris mon courage à deux mains.

« C'est-tu vrai que t'as peur de la madame parce qu'on la connaît pas ? »

Maman regarda sa belle-mère avec une lueur de reproche, comme si celle-ci venait de la trahir.

« Qu'est-ce que vous y'avez mis dans'tête, encore !

— J'vois pas pourquoi c't'enfant-là aurait pas le droit d'aller voir un spectacle...

— Même avec une étrangère qui pourrait... je le sais pas, moi... le vendre ! »

Elle me prit par la main d'une façon un peu brusque, ce qui ne lui ressemblait pas du tout, pendant que sa belle-mère éclatait de rire.

« Enfant insignifiant ! Arrête donc d'aller toujours tout bavasser à ta grand-mère comme ça... A' rit encore de moi, là...

— J'bavassais pas, on placotait ! »

* * *

Le lit de fer dans lequel je dormais depuis ma naissance était mon royaume, le seul endroit de la maison où je pouvais me retrouver vraiment seul quand je le voulais. C'était une espèce de tombereau à côtés coulissants, assez vaste pour que j'y dorme encore même si c'était un lit de bébé, une citadelle imprenable élevée contre les habitants du garde-robe ou les bilous qui s'amassaient sous le lit de mes parents et qui se transformaient, la nuit, au dire de mes frères, en malfaisants petits démons friands de doigts et d'orteils d'enfants tannants. J'y rêvassais autant que j'y dormais, les yeux fixés sur le décalque coloré que mon père avait collé sur le côté intérieur du pied un soir de fièvre — un lapin bleu, un lapin jaune —, les mains souvent rivées autour des montants de métal dont j'appréciais la fraîcheur au plus chaud de l'été (selon ma mère, j'y avais fait mes dents, ce qui aurait expliqué la peinture arrachée et les petites taches de rouille). Il m'arrivait de passer mes couvertures par-dessus les montants de métal et de me faire un plafond de laine pour me sentir dans une cabane, un cocon, un monde clos où il n'y aurait personne pour me surveiller.

Le lit était posé dans un coin de la chambre de mes parents. J'entendais de plus en plus souvent ma mère dire à mon père que je commençais à être pas mal vieux pour dormir dans la même pièce qu'eux, mais ce dernier lui répondait toujours qu'il n'y avait pas d'autre endroit dans tout l'appartement où placer un monstre pareil et j'espérais qu'il ne s'agissait pas de moi mais bien de mon lit.

Mes parents attendaient que je m'endorme, le soir, pour « placoter » (c'était la façon qu'ils avaient trouvée pour m'expliquer ce qu'ils faisaient quand ils me demandaient de les laisser tranquilles). Ils devaient le faire discrètement parce que jamais leur placotage ne m'a réveillé.

Ma mère était penchée au-dessus du montant de fer qu'elle allait tout à l'heure relever dans un doux grincement rassurant en me souhaitant la bonne nuit.

« Tu veux-tu que moman te chante une chanson ?
— Non.
— Tu veux-tu une histoire, d'abord ?
— Non.
— Michel, fais pas ta tête dure...
— J'fais pas ma tête dure...
— C'est quoi, d'abord, c'te baboune-là ?
— J'fais pas la baboune.
— Tu fais une baboune de bébé ! Tu vas avoir sept ans dans un mois pis tu vas rentrer à l'école en septembre, faut que t'arrêtes de faire le bébé !

— J'fais pas le bébé. »

Un long soupir de part et d'autre, en même temps, presque à l'unisson. Cette discussion-là aussi pouvait être longue. Nous la connaissions très bien tous les deux pour l'avoir souvent pratiquée : je testais la patience de ma mère jusqu'à l'exaspération, ça se finissait habituellement par une punition, je criais à l'injustice, puis nous nous réconciliions avec force caresses et baisers avant de recommencer à la première occasion.

« Qu'est-ce qu'on va faire avec toi !

— Tu dis toujours ça...

— J'le dis parce que j'le pense !

— Tu sais pas c'que tu vas faire avec moé parce que j'veux aller voir Babar ? »

Elle tira sur sa robe pour la deuxième fois dans une même soirée ; je compris que la victoire n'était pas loin.

« C'te madame-là, c'est la sœur de monsieur Paradis ou de madame Paradis, après toute...

— Je l'ai jamais vue, Michel ! Je l'ai pas vue monter l'escalier pis je l'ai pas vue redescendre... J'sais même pas de quoi a'l' a l'air ! Est-tu grosse, est-tu p'tite, est-tu vieille, est-tu jeune... J'peux pas te laisser partir avec elle comme ça, d'un coup que c'est une femme bandit !

— Va la guetter, est peut-être encore là, pis quand a' va descendre, tu y demanderas si c'est une bandite ! »

Un sourire réprimé. J'avais failli la faire rire. C'était gagné. Elle pouvait relever les montants du lit, partir, me laisser dormir en paix, je savais maintenant que j'irais voir Babar le lendemain après-midi avec Jean Paradis et sa mystérieuse tante.

« J'appellerai madame Paradis, demain matin... »

Une belle grande séance de becs mouillés et de caresses à n'en plus finir s'ensuivit. C'était les retrouvailles habituelles qui faisaient si chaud au cœur et qui donnaient envie de recommencer la chicane pour les retrouver. Ma mère était-elle dupe de mes agissements ? Probablement pas. Mais je n'étais pas dupe moi non plus de la mauvaise foi dont elle avait fait preuve pendant toute la soirée. Match nul, donc, entre un garçonnet de six ans et une mère de quarante-six ans. Maman se rendit compte que la séance d'embrassage se prolongeait un peu trop pour ne pas être suspecte.

« Ça veut pas dire que j'ai dit oui, là !

— Je le sais...

— Veux-tu que je laisse une lumière allumée ?

— Chus pus un bébé, tu viens de le dire. Mais laisse la porte ouverte un peu pareil...

— Pis arrange-toi pas pour pas dormir d'énervement, là ! »

Cette nuit-là, j'ai rêvé que ma mère, penchée au-dessus de la rampe d'escalier, criait des bêtises à la tante de Jean Paradis qui se sauvait en courant vers le boulevard Saint-Joseph. Pourquoi le boulevard Saint-Joseph ? Probablement parce que c'était plus chic, plus riche que la rue Fabre et qu'elle pouvait prendre l'autobus au lieu du vulgaire tramway ! Mais l'autobus, évidemment, partait à un feu vert et la madame se faisait tuer. Je le leur avais bien dit !

J'ai aussi rêvé à Babar qui s'amenait en personne dans une immense enceinte ressemblant à une piste de cirque comme celles que j'avais vues dans mes livres d'enfant. Je lui donnais des pinottes pendant qu'il me racontait une histoire qu'il lisait dans un grand livre de monsieur Henry Bordeaux. Et pendant ce temps-là, la tante fraîchement morte de Jean Paradis courait toujours vers le boulevard Saint-Joseph pour attraper un autre autobus.

En me levant, le lendemain matin, j'appris avec grande joie que tout était arrangé. Maman avait vraiment abordé la mystérieuse dame au moment où elle était sortie de chez mon ami ! J'espérais quand même qu'elle ne lui avait pas demandé si elle était une bandite !

* * *

« Est-ce que ça se donne toujours dans une église, un spectacle ? »

Sa tante eut l'air de trouver très amusant ce qu'il venait de dire.

« Mais non, mon Jean, cette troupe-là se produit dans une église mais les autres se produisent dans un *théâtre*. Tu le sais bien, je t'ai déjà amené... »

Je voulus mettre mon fion moi aussi.

« Un théâtre, c'est là qu'y'a des vues, hein ? »

Elle n'eut pas l'air de comprendre immédiatement ce que je voulais dire.

« Ah ! du cinéma ! Non, non, Michel, le cinéma est projeté dans les salles de cinéma, et le théâtre est joué dans des *théâtres*. »

J'avais encore manqué mon coup, elle n'était pas du tout impressionnée.

« En tout cas, chez nous, c'est comme ça qu'on dit ça. »

J'avais envie de lui demander : « Du théâtre qui est joué dans une église, ça s'appelle comment, d'abord ? »

Mais je me suis retenu de peur de commettre une autre gaffe.

Nous étions au coin de de Lorimier et Sherbrooke, devant une église très laide en briques rouges, trapue, pas très grande, construite dans la côte Sherbrooke, ce qui lui donnait l'air d'être assise sur une plate-forme en attendant qu'on la déménage ailleurs.

J'eus, pendant quelques secondes, l'impression que je m'étais fait avoir et que nous allions assister à une messe. Ma mère m'avait amené une fois à la messe dans le soubassement de l'église Saint-Stanislas et j'avais failli périr d'ennui. Le banc était dur, ça sentait mauvais — j'avais appris que cette odeur s'appelait de l'encens ; j'avais compris « l'an cent » —, le prêtre racontait une histoire à dormir debout que même les adultes ne semblaient pas comprendre...

« Pourquoi y'en a pas des spectacles, à l'église Saint-Stanislas ? On aurait pas eu besoin de prendre le tramway ! »

La tante de Jean me baissa le toupet qui avait déjà tendance à retrousser et que ma mère n'arrivait jamais à dompter.

« Ici, c'est un cas particulier. La troupe des Compagnons a eu une permission spéciale, je crois. De toute façon, ce n'est pas une église catholique mais une église protestante. »

Là, j'eus franchement peur. Nous étions chez les Anglais ! Les protestants, c'étaient les Anglais, non ?

Nous descendîmes — moi avec beaucoup de réticence mais trop gêné pour le dire — la rue de Lorimier sur quelques dizaines de pieds avant d'entrer dans le sous-sol de l'église *protestante*.

Étrangement, ça ne sentait pas du tout « l'an cent » dans cette église-là mais la poussière et le renfermé. Des tas d'enfants étaient déjà installés dans les fauteuils — des fauteuils dans un sous-sol d'église ! — avec leurs parents. Mon premier sentiment fut que ça ressemblait beaucoup à un théâtre où on projetait des vues — j'étais allé à la salle paroissiale à quelques reprises avec mon frère Bernard —, mais, chose curieuse, sans l'écran où, d'habitude, tout se passait. Au lieu d'un écran, il y avait un grand rideau qui dissimulait complètement la scène ; je devinai tout de suite que ce rideau cachait ce que nous étions venus voir mais je n'avais absolument aucune idée de ce que ça pouvait bien être.

Le public était beaucoup moins bruyant qu'à la salle paroissiale ; les enfants étaient plus propres, mieux habillés, plutôt tranquilles. Et les fauteuils étaient en velours ! Ça piquait un peu les cuisses là où mon maudit pantalon court s'arrêtait, mais c'était tellement plus confortable que les rangées de bancs pliants qui faisaient tant de bruit quand on s'amusait, en attendant le film, à en déplier les sièges pour les replier tout de suite dans un claquement des plus désagréables. Et ces fauteuils-ci se relevaient tout seuls sans faire de bruit quand on les quittait !

Jean Paradis était assis entre sa tante et moi. Il n'avait pas du tout l'air nerveux alors que moi j'aurais volontiers fait trois fois le tour de la salle en hurlant pour essayer de me débarrasser du malaise que je ressentais depuis qu'on avait mis le pied dans cette salle. Ces enfants-là étaient trop tranquilles, c'était suspect ! Ma mère, pas dramatique du tout, avait d'ailleurs parlé de drogues et d'enlèvements d'enfants au déjeuner et j'avais parfaitement bien enregistré ses paroles. J'avais cru deviner, aussi, qu'elle avait cédé aux arguments de la tante de Jean Paradis à partir du moment où elle avait appris que le spectacle que nous allions voir était joué dans une église. Imaginez ce qu'elle aurait pensé si elle avait su que c'était une église protestante ! Enlevait-on les enfants catholiques dans les soubassements des églises protestantes ? La tante de Jean Paradis était-elle une protestante capable de se déguiser en catholique parce qu'elle parlait francais ? Je finis par me rassurer, cependant, en me disant que de toute façon, on me l'avait toujours dit, les protestants ne parlaient pas *du tout* francais.

Alors, le spectacle allait-il être en anglais ? La messe en latin dans l'église catholique, le spectacle en anglais dans l'église protestante, je n'étais vraiment pas chanceux avec les églises !

Mais mon cœur chavira aussitôt que le rideau fut ouvert.

Ça avait commencé par un frémissement dans la salle quand les lumières avaient commencé à baisser. Ça n'avait pas été brusque comme à la salle Saint-Stanislas ; ça s'était fait progressivement pendant qu'une joyeuse musique, sautillante et drôle, où dominait la flûte, se faisait entendre.

Puis le rideau s'était comme fendu par le milieu.

Derrière, c'était tellement magique — avant même qu'un seul personnage n'apparaisse — que j'en eus le souffle coupé. Cette magie provenait des couleurs, de l'agencement des couleurs, des formes, aussi, parce que rien dans ce que je voyais ne ressemblait à ce que j'avais vu jusque-là, mais, malgré le fait que tout était si différent que dans la vie, je *comprenais* ce que je voyais : ce morceau de carton ou de bois ressemblait vraiment à un arbre même s'il n'en avait que vaguement l'allure ; le ciel, derrière, trop bleu pour être vrai, l'était quand même, comme les fleurs trop grosses, la balançoire trop jaune... Tout était bâti tout croche mais tout était tellement beau ! Et que dire de la maison ! Une maison comme dans les livres, voilà, c'est ça qui me ravissait le plus : une maison comme dans les livres s'élevait là, devant mes yeux, grande et belle et dont jailliraient, je le sentais, des merveilles.

La première merveille fut une actrice déguisée en petite fille — je sus tout de suite que ce n'était pas une vraie petite fille à cause de ses seins mal comprimés dans son costume — qui s'adressa directement à moi. C'est-à-dire qu'elle s'adressa à tout le monde mais en utilisant la deuxième personne du singulier comme s'il n'y avait eu qu'un enfant dans la salle, moi. J'étais à la fois enchanté et décontenancé. Je voulais bien qu'elle me parle à moi, mais qu'est-ce que les autres enfants, qu'est-ce que mon ami Jean, penseraient ? Et je devinai tout de suite que lui aussi s'imaginerait que la fausse petite fille s'adressait directement à lui...

Je n'eus pas le temps de démêler mes pensées ni surtout de verser dans la jalousie qui déjà me guettait qu'un autre, puis un autre personnage arrivèrent. Ils se parlaient entre eux, ils me parlaient à moi, ils couraient, riaient, dansaient, j'étais au bord de l'évanouissement tant mon bonheur était grand.

Puis tous ces personnages se mirent à parler de Babar dont j'avais oublié depuis longtemps que son nom apparaissait dans le titre du spectacle tant ce que je voyais me passionnait... J'allais donc voir Babar, mon héros, on l'aurait tiré des livres comme on l'avait fait avec la maison, les arbres, le ciel, la balançoire ! C'était trop beau pour être vrai ! Plus il était question de lui dans la pièce, plus mon exaltation, voisine de l'angoisse (comment arracher Babar d'un livre sans que ce soit ridicule ?), grandissait.

Et quand il apparut, énorme, superbe, comique dans son habit vert trop petit pour lui, noyé au milieu des hurlements de plaisir des autres enfants, je me rendis compte que ma propre joie m'empêchait de m'exprimer ! Il était là, c'était bien lui ; lui aussi était transposé, je savais bien que quelqu'un se cachait sous la grosse bedaine et la trompe molle, mais j'y croyais parce que je voulais y croire, je me convainquais moi-même que j'avais sous les yeux le seul, le vrai, l'unique Babar sorti tout droit de mes livres pour venir me faire rire ! Mais ma joie était tellement grande, tellement plus grande que moi, que j'étais incapable de la manifester ! Surtout en public. Seul, j'aurais ri ou j'aurais pleuré, j'aurais enterré ma tête sous mon oreiller pour que personne n'entende mes cris de joie, mais ici, au milieu de tant de monde...

Jean, à côté de moi, s'était levé de son siège en hurlant : « Le voilà ! Le voilà ! », une grande partie des autres enfants avaient fait la même chose, mais moi j'étais resté rivé à mon fauteuil, fou de bonheur mais paralysé de bonheur.

L'agitation était telle dans la salle que Babar lui-même dut demander aux enfants de se rasseoir. Ils l'écoutèrent d'un bloc et la pièce put suivre son cours normal.

J'avais peine à suivre l'action tant mon adoration pour Babar était intense. Je ne voyais plus que lui, je n'entendais plus que lui ; il était si beau, si drôle, si touchant.

Mais à un moment donné, Babar disparut et tous les autres personnages partirent à sa recherche. Dans la salle, c'était la consternation : nous avions vu le méchant (ou la méchante, je ne me souviens plus trop) *empoisonner* notre idole et l'enfermer dans la maison en disant qu'il ferait un délicieux et plantureux repas, mais personne dans la pièce n'avait été témoin de la scène et l'héroïne courait partout en criant son nom. Elle regardait derrière l'arbre, derrière les rochers, derrière les fleurs, la niaiseuse, alors qu'il aurait été si facile d'ouvrir la porte de la maison ! Elle s'arrêta soudain, nous regarda et nous dit :

« Et toi, est-ce que tu sais où se trouve notre ami Babar ? »

Les hurlements qui suivirent furent d'une force telle que la tante de Jean Paradis dut se boucher les oreilles. Tous les enfants présents, trépignants, criaient : « Dans la maison ! Dans la maison ! Y'est empoisonné ! Y'est mort ! Y'est dans le fourneau ! » Ils étaient debout, ils piochaient ; certains étaient montés sur leurs fauteuils. Les mères essayaient en vain de les calmer. L'héroïne aussi, d'ailleurs, un peu dépassée par les événements.

Tout mon être, tout ce que j'étais, mes sentiments, mes pensées, étaient bloqués dans ma gorge. Non seulement je n'arrivais pas à sortir un seul petit son, mais en plus j'étais un traître parce que j'étais incapable de dire à la jeune fille où était Babar ! Une culpabilité effroyable venait de s'abattre sur ma conscience : si on retrouvait Babar, ce serait à cause des autres enfants, mais si on ne le retrouvait pas, ce serait de ma faute à moi ! Je voulais m'en aller, me cacher pour toujours dans mon repaire de fer et de laine, dans mon cocon d'où je ne ressortirais plus jamais, mais en même temps je voulais savoir si Babar serait sauvé.

Je ne voyais plus rien sur la scène parce que tout le monde sauf moi était debout. Je voyais des derrières de têtes sautillants, des bras levés, des fesses d'enfants montés sur des fauteuils. Non seulement je ne pouvais pas participer avec les autres, mais en plus je ne verrais même pas la fin de la pièce !

Je voulais m'en aller.

C'est alors que la tante de Jean Paradis fit une chose extraordinaire qui me permit de survivre à cet épouvantable moment d'angoisse. Elle me prit dans ses bras et me mit debout sur le dossier du fauteuil d'en avant. Et j'ai pu voir Babar sortir de la maison en se frottant les yeux et en demandant à ses fans en folie ce qui s'était passé. Au moins lui était sauvé ! Mais l'héroïne faisait celle qui n'entend rien alors que quelques centaines d'enfants étaient en train de cracher leurs poumons ; elle ne se retournait pas, continuait à chercher Babar, s'enquérait auprès de nous, de moi, de la disparition de notre ami. Elle était sourde ? Elle ne l'avait pas entendu nous parler ? Moi, je pensais : « Tourne-toé ! Y'est là ! Tout est correct, à c't'heure, y'est revenu ! » Mais tout restait en dedans, inutile, ridicule parce qu'inexprimé.

Quand elle s'est retournée, qu'elle a découvert Babar en train de faire le pitre derrière elle, le théâtre a failli s'écrouler et un cœur d'enfant, quelque part au milieu d'un rang, s'est brisé dans son propre silence.

* * *

36

Ma mère, ma tante Robertine et ma grand-mère Tremblay m'attendaient sur le balcon.

Maman a poliment remercié la tante de Jean (j'avais l'impression qu'elle la remerciait plus de m'avoir ramené vivant que de m'avoir amené au théâtre !), les trois femmes m'ont installé sur la chaise berçante de ma grand-mère.

« Pis, toujours, comment c'était ? »

J'ai tout raconté dans mon langage d'enfant, les formes, les couleurs, les personnages, l'histoire, ce fut long et passablement animé, au point même où ma tante a fini par demander : « C'tu toute vrai, ça, coudonc, ou ben si t'en inventes des bouts ? », mais j'ai gardé pour moi l'horrible découverte que j'avais faite, cette incapacité que j'avais de m'exprimer au milieu d'une foule, de faire comme elle, de *participer* à une liesse collective. Mon histoire fut probablement très intéressante, mais elle resta incomplète et personne, pas même ma mère, ne s'en aperçut.

* * *

Je ne suis pas retourné au théâtre avant de longues années. Les Paradis ne sont pas restés très longtemps sur la rue Fabre.

Mais aujourd'hui encore, quand on demande au cours d'un spectacle de chanter en chœur, de frapper dans ses mains, de se lever ou qu'on cherche quelqu'un pour *monter sur la scène*, mon cœur se glace, je deviens tout mou, j'ai la nette impression que Babar est endormi quelque part dans le décor, que je suis incapable de participer à son sauvetage, et je veux mourir.

LA TOUR EIFFEL QUI TUE

Le parc Lafontaine frémissait dans la chaleur humide du mois d'août. L'air saturé d'eau collait à la peau ; les promeneurs s'éventaient en marchant ou restaient prostrés sur les bancs. Les pelouses avaient été prises d'assaut dès le début de l'après-midi malgré les innombrables écriteaux de bois peints en vert sur lesquels on pouvait lire : ne passez pas sur le gazon — *do not trespass*, et restaient couvertes de corps offerts même si le soleil commençait à disparaître derrière les arbres de la rue Rachel. Les policiers avaient reçu l'ordre de fermer les yeux ce dimanche-là, de laisser les promeneurs utiliser le gazon, s'y étendre, y pique-niquer, à cause de la pénible chaleur qui s'était abattue sur Montréal depuis une semaine. Plus délurés que les autres, quelques hommes avaient osé déboutonner leurs chemises jusqu'au nombril, mais les policiers les avaient vertement semoncés et ils s'étaient rattachés comme des enfants pris en flagrant délit. On voyait plus de jambes de femmes que d'habitude, quelques épaules dénudées par-ci, par-là. Des couples disparaissaient dans les fourrés ; d'autres en ressortaient, cramoisis de plaisir et quelque peu fripés. Des adolescents de mon âge rôdaient autour de ces fourrés en se faisant le plus discrets possible, mais ils se faisaient rabrouer par les jeunes hommes excités qui essayaient d'y attirer leurs blondes. La blonde disait : « J'ai pas envie de faire ça pendant qu'un p'tit vicieux nous regarde ! », le petit vicieux recevait un claque derrière la tête. Il menaçait de dénoncer ce qui se passait là-dedans, on le laissait continuer à rôder.

Moi, j'étais là pour le Théâtre de Verdure qui venait d'ouvrir ses portes sur les décombres du petit zoo qui puait tant mais que j'avais tellement aimé enfant. Le Jardin des Merveilles n'existait pas encore et on venait de démolir les quelques cages malpropres où se morfondaient pendant tout l'été deux ou trois renards malades, un ours qui sentait le yable, des oiseaux de proie aux ailes rognées et, mon endroit favori entre tous, la pauvre petite pièce d'eau grillagée où survivaient tant bien que mal des tortues à la carapace ramollie.

J'avais vu l'annonce dans *La Presse* : *La Tour Eiffel qui tue* de Guillaume Hannoteau, mise en scène de Paul Buissonneau. On en avait aussi beaucoup parlé à la télévision. Je ne savais pas qu'on pouvait faire du théâtre en plein air — pour moi, le théâtre, probablement parce qu'il m'était défendu, était un endroit clos et un peu suspect où l'on pouvait révéler des choses secrètes qu'on ne pouvait pas dire à la télévision — et ça avait piqué ma curiosité. Je n'étais pas retourné au théâtre depuis des années. Les deux seuls spectacles que j'avais vus depuis *Babar* étaient une représentation de *La Passion*, avec Jean-Paul Kingsley, Denise Dubreuil et Bernard Morrier à la salle paroissiale de l'Immaculée-Conception et la création des personnages de *La Boîte à surprises*, le pirate Maboul, la poupée Fanfreluche, le clown Fafouin et l'horloge Gudule, au théâtre Gesù, un an ou deux avant qu'ils n'apparaissent à la télévision. Je n'ai gardé aucun souvenir de *La Passion*, sauf que Bernard Morrier était notre voisin sur la rue Fabre et la coqueluche de mes trois cousines, et tout ce que je me rappelle de *La Boîte à surprises*, c'est que l'horloge Gudule m'avait fait très peur.

Non, j'étais plutôt devenu un cinéphile (si tant est qu'on puisse l'être à quatorze ans) : je dévorais goulûment tous les films qui passaient à la télévision, je courais les salles paroissiales, j'avais même commencé depuis ma fête, au début de l'été, à fréquenter les salles pour adultes, me déguisant pour faire les seize ans exigés, rougissant sous l'œil suspicieux ou complice des caissières avant de m'engouffrer dans les salles obscures où m'attendaient mes idoles, surtout américaines.

Mais, fanatique des téléthéâtres depuis que mon père s'était décidé à acheter notre gros appareil de télévision Admiral, je me disais qu'il n'y avait aucune raison pourquoi je n'aimerais pas le vrai théâtre en chair et en os. Ma mère, cependant, grande lectrice du *RadioMonde* et prévenue des mœurs dissolues des gens du spectacle en général et des acteurs en particulier, me défendait de fréquenter les théâtres montréalais : « Tu vois assez de niaiseries comme ça à la télévision sans aller te mettre des idées de fous dans la tête au théâtre ! » Point final.

Mais je travaillais depuis deux ans, j'avais de l'argent et j'étais bien décidé à en faire ce que je voulais même si j'étais encore mineur. Après tout, est-ce que je n'avais pas continué à acheter des livres quand ma mère me l'avait défendu sous prétexte que je pouvais en emprunter gratuitement à la bibliothèque municipale ? Et le cinéma pour adulte, est-ce que je ne me cachais pas pour le fréquenter *avec mon argent à moi* ?

Deux ans plus tôt, ma cousine Hélène, la fille de ma tante Robertine, qui travaillait au Ty-Coq Barbecue juste à côté de chez nous sur la rue Mont-Royal, entre

Cartier et Chabot, nous avait appris que les propriétaires du restaurant cherchaient un jeune garcon fiable qui pourrait, après l'école, entre cinq heures et sept heures, livrer à pied des commandes dans le quadrilatère qui comprenait les rues Frontenac à Amherst et Rachel à Saint-Grégoire. Je m'étais aussitôt porté volontaire, attiré par les quinze sous par commande livrée qu'on promettait, sans compter les pourboires ! Ma mère avait évidemment poussé les hauts cris :

« Douze ans ! Y'a douze ans pis y veut aller se promener à travers les rues de la ville de Montréal pour délivrer des cuisses de poulet à des guidounes pis des lutteurs ! »

(La livraison du Barbecue à domicile était un phénomène récent à Montréal et suspect pour des gens comme nous qui n'avions à peu près jamais mangé ailleurs qu'à la maison.)

Ma tante Robertine : « Si y sont pas capables de se faire cuire du poulet eux autres mêmes, j'vois pas pourquoi on va leur en porter chez eux ! Qu'y'apprennent, viarge ! »

Mon père : « Du gaspillage d'argent comme ça, moé, ça me scandalise ! C'est jamais bon comme du poulet fait à' maison pis ça coûte dix fois plus cher ! »

Ma mère : « Le monde vont penser qu'on fait travailler notre enfant de douze ans parce que son père est pas capable de faire vivre sa famille ! On est pas en Europe, ici ! »

J'avais supplié pendant des semaines, j'avais braillé, menacé de quitter la maison à tout jamais, sans résultat.

Puis un bon jour, après l'école, avec la complicité d'Hélène, je m'étais présenté au restaurant en disant aux propriétaires que mes parents étaient d'accord pour que je vienne travailler chez eux. J'étais allé porter mon sac à la maison, j'avais dit à ma mère que j'allais souper chez Réal Bastien... et j'étais revenu deux heures plus tard avec plus de deux dollars en poche ! Ma mère m'avait couvert d'injures, mon père avait parlé de me battre et de poursuivre le restaurant, mais je leur avais dit que la clientèle du Ty-Coq Barbecue n'était pas du tout celle qu'ils croyaient, que c'était en général des docteurs du boulevard Saint-Joseph qui donnaient d'excellents pourboires et des vendeurs des autres magasins de la rue Mont-Royal qui n'avaient pas le temps d'aller manger chez eux (ce qui n'était qu'en partie vrai puisque dès le premier jour j'avais livré un poulet complet avec deux frites, deux sauces et deux cokes à une guidoune du Manoir Messier, au coin de Parthenais, qui m'avait dit : « R'viens donc me voir dans quequ's'années, mon beau, on va arranger ca, c'te p'tit teint pâle-là ! »). Mes parents s'étaient laissé fléchir, non pas par appât du gain mais, je crois, à cause de ma propre sincérité : je voulais vraiment travailler pour les aider parce que je savais que mon père, qui était de plus en plus sourd, avait de la difficulté à se trouver du travail dans son métier de pressier en imprimerie. Il avait déjà plus de cinquante ans, l'incendie de l'imprimerie La Patrie où il avait travaillé une grande partie de sa vie nous avait presque mis dans la misère et j'avais une envie folle de sortir de la maison sans avoir de comptes à rendre, de me promener à pied dans les rues du Plateau Mont-Royal, de rencontrer du monde différent tout en me faisant de l'argent de poche. Nous vivions souvent, depuis quelques années, sur les pensions de mes deux frères ; je voulais moi aussi faire ma part. La seule chose qui me heurta pendant les quatre ans où j'ai livré du poulet, c'est que parfois, surtout pendant les deux premières années, j'entendais effectivement des clients dire que j'étais trop jeune pour travailler, que mes parents étaient des sans-cœur de me laisser comme ça errer dans les rues en plein hiver ou tard le soir lorsqu'on m'offrit, vu la demande de plus en plus pressante, de travailler jusqu'à minuit les vendredis et samedis. Ma mère, une fois de plus, avait eu raison de se méfier des qu'en-dira-t-on.

Je ne coûtais donc presque plus rien à mes parents depuis deux ans et ça m'avait un peu enflé la tête. Quand elle était à bout d'arguments pendant une chicane, ma mère disait souvent : « Si t'avais la tête juste un peu plus grosse, j'pourrais la faire rôtir à Noël pis nourrir cinquante personne avec ! Pis j'arais pas besoin de farce ! »

Mais jusque-là je n'avais pas encore désobéi au sujet du théâtre. Je me cachais pour aller au cinéma, je dissimulais dans mon sac d'école les Livres de poche (le numéro 1 : *Vol de nuit* de Saint-Exupéry que j'avais lu trois fois dans la même journée) ou les Marabout que j'achetais dans une petite librairie à côté de chez nous, mais pour ce qui est du théâtre, je me contentais de regarder les annonces dans les journaux en me pourléchant.

Mais ce soir-là, n'y tenant plus, attiré par la publicité du spectacle et ce qu'en avaient dit les critiques, j'avais dit à ma mère que j'allais assister à un concert de fanfare au parc Lafontaine en espérant qu'elle ne vérifierait pas dans le journal, ce qu'elle aurait été très capable de faire. J'étais arrivé trop tôt, les portes du théâtre étaient fermées, les promeneurs en étaient encore à s'éventer avec tout ce qui leur tombait sous la main. Installé sur différents bancs autour des deux lacs selon la beauté de la lumière et la transparence du ciel, à la poursuite, comme toujours, du plus beau point de vue sur le coucher du soleil, je m'étais perdu dans mes pensées. J'enviais ces jeunes garçons qui furetaient autour des « bosquets du péché », comme les appelaient les curés des paroisses avoisinantes qui faisaient tout pour qu'on arrache ces fourrés comme on arrache la racine d'une dent pourrie — autre fleur de rhétorique sortie du cerveau malade d'un quelconque prêtre frustré — et qui, éventuellement, y parviendraient avec force cris de victoire. Mes goûts étaient ailleurs et, si j'en avais eu le courage, c'est beaucoup plus tard dans la soirée que je serais venu traîner dans le parc Lafontaine... Mais je n'osais pas encore, je me contentais d'en rêver.

J'avais regardé le ciel s'éteindre, le lac disparaître puis renaître sous les affreux projecteurs multicolores de la fontaine lumineuse qu'on aurait dû, à mon avis, se contenter d'éclairer en blanc. J'avais fini par entendre un brouhaha du côté du théâtre, je m'étais levé d'un bond, j'avais couru... pour me rendre compte qu'il en coûtait un dollar d'entrée et que j'avais dépensé mes derniers sous pour m'acheter un cornet de crème glacée ! Ce genre de chose ne m'arrivait pourtant jamais, c'était ridicule, je devais bien avoir un peu d'argent quelque part ! Je fouillais mes poches, les retournais sens dessus dessous... Le spectacle était commencé, j'entendais la foule rire... Moi qui détestais arriver en retard au cinéma, allais-je entrer au beau milieu du premier acte de mon premier spectacle de théâtre depuis des années ? Il me fallut me rendre à l'évidence, je ne verrais pas *La Tour Eiffel qui tue* ce soir-là ! Je me levais sur le bout des pieds, j'étirais le cou pour essayer de voir quelque chose à travers les bosquets qu'on avait plantés aux endroits stratégiques — y'en avait vraiment partout ! —, je grimpais sur la barre de soutien de la clôture... rien. Je n'entendais que des bribes de répliques et les rires qu'elles provoquaient. J'entrevis, l'éclair d'une seconde, un effet de lumière qui sembla ravir les spectateurs. Maudite marde !

Je revins à la maison en sacrant. Ma mère était assise sur notre balcon qui faisait le coin de Cartier et Mont-Royal. Quand j'arrivais de la rue Papineau et que je l'apercevais sur son trône planté en diagonale au-dessus de la pharmacie, j'avais toujours l'impression que c'était la reine du Plateau qui surveillait son royaume. Et Dieu sait que rien ne lui échappait ! Elle m'envoya la main, me dit en se penchant qu'elle avait encore vu l'Irlandaise dans sa robe blanche flirter tous les hommes qu'elle croisait et s'attarder un peu trop longtemps devant la porte de la taverne...

« Tu pourrais attendre que j'sois rendu en haut pour me dire ça, moman ! D'un coup que quelqu'un t'entend !

— T'es ben bête ! As-tu attrapé c't'air bête-là au parc Lafontaine, coudonc ? La musique est supposée adoucir les mœurs, non ? »

Ça avait été toute notre conversation pour ce soir-là. Je m'étais plongé dans Jules Verne ou dans Biggles et m'étais endormi en me promettant de retourner le lendemain soir, coûte que coûte, assister à la maudite pièce !

* * *

48

Il faisait nettement plus frais. J'avais passé mon chandail vert à encolure bateau que j'aimais tant par-dessus ma chemise en pied de poule blanche et vert mousse qui ne me quittait pas depuis le début de l'été. Ma mère lavait patiemment cette chemise deux fois par semaine en maugréant que ma garde-robe était pourtant mieux garnie :

« J'veux ben croire que c'est ton argent, mais justement, pourquoi t'acheter des affaires qui coûtent les yeux de la tête comme tu le fais si c'est pour aboutir avec une chemisette de coton à quatre-vingt-dix-neuf cennes ? A' va finir par te déteindre sur le dos, c'te chemise-là ! »

Je n'osais quand même pas lui avouer que j'avais toujours ça sur le dos parce que je me trouvais beau dedans ! C'était pourtant vrai. J'aimais la couleur, ce doux vert que je préfère encore entre tous après plus de trente-cinq ans ; j'aimais la coupe, les épaules qu'elle me donnait, moi qui n'ai jamais été sportif. Je l'ai portée deux étés de suite presque chaque jour pour la retrouver un bon matin sous forme de guenilles au fond du seau qui me servait à laver le plancher de la cuisine chaque samedi matin.

Je me sentais donc beau, ce soir-là, j'avais fait la queue avec tout le monde pour m'acheter mon billet et j'avais choisi une des meilleures places en plein centre du théâtre pour assister enfin à la représentation de *La Tour Eiffel qui tue*.

La scène flottante était séparée de la rive par une espèce de petit bras d'eau que je trouvais du plus bel effet.

Le soir était tombé pendant que l'amphithéâtre se remplissait lentement ; j'avais vu, à gauche de la scène, la fontaine s'illuminer encore une fois, les canards entrer dans leurs cabanes de bois, les promeneurs, sur l'autre rive du lac, s'installer sur les bancs, s'embrasser tout en surveillant les allées et venues des policiers à cheval.

La scène était complètement vide. J'étais déçu. On avait beaucoup parlé à la télévision du côté folklorique parisien de ce spectacle, alors j'aurais voulu voir un décor de rue, un dessin de tour Eiffel, quelque chose qui m'aurait suggéré Paris, une colonne Morris, un Sacré-Cœur de Montmartre, une Notre-Dame de Paris... pas un plancher désespérément nu !

Quand la nuit fut complète — les lumières s'éteignirent d'un coup, il ne resta plus que la fontaine qui se mirait dans le lac —, le spectacle put commencer. Et les deux heures qui suivirent furent parmi les plus importantes, les plus décisives de ma vie.

Paul Buissonneau me donna ce soir-là l'une de mes plus grandes leçons de théâtre : il m'apprit la signification et la magie de la transposition.

Ce qui nous était présenté alors à la télévision, les deux téléthéâtres que je regardais avec passion toutes les semaines ou les déjà nombreux téléromans, était très peu ou pas du tout transposé ; les décors, les costumes, les accessoires étaient réalistes : le samovar des Russes se voulait un vrai samovar, les costumes des Grecs s'inspiraient des livres d'histoire, le décor de *La Ménagerie de verre*, une réplique des maisons de la Nouvelle-Orléans des années trente, la cuisine de *La Famille Plouffe*, presque notre cuisine à nous. J'avais donc été habitué à croire au premier degré ce que j'avais sous les yeux. Mais ce soir-là, Paris et sa faune s'animèrent devant moi avec des moyens tellement inattendus, à l'aide de filtres, de trouvailles, de subterfuges si drôles et si efficaces, que j'en fus littéralement galvanisé. Tout m'était suggéré plutôt qu'imposé et les images qu'on m'offrait étaient nouvelles en plus d'être superbes ! On ne se contentait pas d'essayer de représenter Paris, on la réinventait à partir de presque rien.

Le décor et une grande partie des accessoires étaient faits en séchoirs à linge de bois extensibles pourtant bien familiers : la tour Eiffel elle-même s'étirait, s'étirait, à la fin du spectacle, jusqu'à dépasser le cadre de scène et défoncer le ciel ; les fiacres étaient des acteurs à qui on avait passé un attelage en séchoir à linge recouvert d'un papier goudron dans lequel on avait découpé une fenêtre ovale ; des patères servaient de lampadaires pour les prostituées, les colonnes Morris valsaient, des parapluies devenaient un orage électrique, un mur, les roues d'un carrosse... La scène se vidait et se remplissait en quelques secondes ; on changeait de lieu sans s'en apercevoir ou, plutôt, *dans le ravissement de s'en apercevoir* ! La machinerie théâtrale devenait un personnage essentiel aussi intéressant que les êtres humains qui déambulaient sur la scène. Pour la première fois de mon existence, je ne croyais pas ce que je voyais, je jouais à y croire ! Moi, habitué au cinéma ou tout m'était mâché d'avance, les plans choisis, calculés, les gestes composés de façon à servir l'image, j'étais ici obligé de tout repenser moi-même, de tout rebâtir au fur et à mesure pour bien comprendre, et j'étais enchanté. Les acteurs, si drôles (merveilleux Jean-Louis Millette au talent déjà si multiple ; Paul Buissonneau lui-même en inénarrable silhouette de titi parisien paqueté ; Christiane Ranger qui me fit mourir de rire en prétendant que la tour Eifel était entrée dans sa chambre pour la violer...), se transformaient devant nous au lieu d'aller se cacher pour changer de costumes et par le fait même nous incitaient à être complices plutôt que simples spectateurs. Les personnages qu'ils interprétaient étaient des caricatures mais des caricatures avec un cœur ; des êtres humains dessinés à grands traits mais parfaitement reconnaissables. Les éclairages délimitaient les lieux, pas besoin de murs ; un séchoir à linge servait de table, de voiture, de bateau-mouche pour finir en patte de tour Eiffel ! Tout devenait possible par la seule magie de l'imagination !

Le texte lui-même, une pochade assez quelconque que l'auteur, beaucoup plus tard, prétendit ne pas se souvenir de l'avoir écrite, se prêtait très bien à ce traitement audacieux et anarchique ; il s'en trouvait même amélioré, comme si le metteur en scène, en s'en moquant un peu, lui avait ajouté le piquant qui lui manquait au départ.

Personne ne semblait se prendre au sérieux sur la scène et pourtant je devinais le travail colossal que tout ça représentait.

Et une chose stupéfiante se produisit : jamais au cinéma je n'avais rêvé d'en faire, d'en être, d'en vivre, me contentant de gober les histoires qu'on me racontait, peut-être parce que pour nous, à l'époque, le cinéma était une chose qui venait d'ailleurs, des États-Unis, de France, d'Italie ; mais là, devant cette invention de tous les instants, cette intelligence à transformer les choses les plus ordinaires en un Paris du début du siècle plus vrai que nature, ce travail collectif qui *avait l'air* d'un travail collectif, je sus tout de suite qu'il fallait qu'un jour j'en fasse partie. Je dirais même plus, *je sus* ou, plutôt, j'eus la vision que j'en ferais un jour partie. Ce qui se passait ce soir-là sur la scène allait devenir, je le sentais, le but de ma vie ! Même si rien jusqu'alors ne m'y avait préparé ; même si ce n'était là qu'un premier contact. Mais c'était plus qu'un premier contact, c'était un choc, une révélation. J'étais fou de joie mais j'étais aussi très inquiet comme lorsqu'on vient d'apprendre une grande nouvelle qui va tranformer notre vie et qu'on ne sait pas encore si elle est bonne ou mauvaise.

Le spectacle terminé, je me sentis orphelin. Je n'étais pas exalté de la même façon qu'à la fin d'un film, c'était une impression beaucoup plus personnelle, pas celle d'un simple spectateur mais celle, plus profonde, d'un aspirant exalté mais en même temps frustré, d'un aspirant qui ne sait pas où regarder parce qu'il ne sait pas au juste ce qu'il cherche.

Je suis resté assis assez longtemps, j'ai attendu que les autres spectateurs sortent avant de quitter mon siège... Et je suis allé voir les acteurs, les chanceux, se disperser dans le parc Lafontaine. J'attendais probablement des clowns, les mêmes qui venaient de tant m'amuser et qui continueraient probablement à rire et à se taper dans le dos ; je ne trouvai que des travailleurs épuisés mais visiblement contents. Ils étaient beaucoup plus sérieux que sur la scène ; ils parlaient d'aller manger au restaurant parce qu'ils avaient faim ou d'aller se coucher parce qu'ils étaient fatigués, et j'en fus étonné, presque déçu. Aller manger, aller se coucher après avoir accompli une telle merveille ? Je les regardais sortir, solitaires ou en groupe, une petite malle à la main, un chandail sur l'avant-bras comme le commun des mortels. Des dieux en *overalls* !

J'en connaissais quelques-uns par la télévision, je n'avais jamais entendu parler de la plupart d'entre eux. Mais je les enviais tous.

J'aurais pu les aborder comme on le voit parfois au cinéma, justement, leur dire voilà je m'appelle Untel, j'ai quatorze ans, vous venez de me faire le plus beau cadeau du monde mais je me sens orphelin, je me sens tout seul, expliquez-moi, emmenez-moi avec vous, enlevez-moi, je veux faire partie de votre monde, j'ai de la difficulté à supporter celui dans lequel j'évolue, c'est pas moi que je veux être, c'est vous autres, mais j'étais beaucoup trop timide même si je me sentais bien beau dans mon chandail à encolure bateau et je les ai laissés repartir. Je ne les ai retrouvés que dix ans plus tard, aussi touchants, aussi drôles, aussi angoissés, et ils sont devenus le sel de ma vie.

Et le Théâtre de Verdure est l'une des seules scènes à Montréal où je n'ai jamais été joué !

* * *

Une deuxième chose importante se produisit ce soir-là : parce que je ne voulais pas retourner tout de suite chez nous, retrouver la rue Cartier, l'escalier intérieur tout croche du 4505, l'appartement tout en long où dormaient probablement déjà mon père, ma mère et mes deux frères, parce que j'étais tout seul devant une si grande découverte avec personne à qui parler, j'eus le courage d'aller explorer les fourrés du parc Lafontaine pour la première fois. Et cette fois je pus consommer sur-le-champ ce que j'étais venu découvrir.

* * *

« T'es t'allé au théâtre deux soirs de suite sans me le dire !

— J'ai pas pu rentrer le premier soir...

— Mais t'es t'allé pareil ! Sans ma permission !

— Chus pus un enfant, moman...

— C'est pas vrai, ça, que t'es pus un enfant ! Un adolescent, c'est un enfant juste un peu plus niaiseux que quand y'était plus p'tit ! Tu viens d'avoir quatorze ans y'a même pas deux mois pis si j'te dis de pas aller quequ'part, tu iras pas ! Même si t'as de l'argent pour y aller ! C'est pas une question d'argent, c'est une question de principe !»

J'avais voulu partager la grande joie de ma découverte du théâtre, essayer de l'expliquer à maman en pensant que ça m'aiderait à comprendre un peu mieux en même temps ; j'avais aussi voulu oublier la culpabilité qui s'était jetée sur moi au sortir des fourrés (la pire depuis mes premières masturbations), et tout ce que je trouvais c'était une autre confrontation avec ma mère :

«As-tu compris ?

— Chus intelligent, moman, on n'a pas besoin de toute me répéter cinquante-six fois pour que j'comprenne...

— Pis j'veux pas non plus que tu me parles sur ce ton-là !»

Nous étions installés à la table de la salle à manger. J'avais devant moi un verre de lait presque vide et les vestiges d'une énorme portion de gâteau renversé à l'ananas, spécialité de ma mère depuis qu'elle en avait trouvé la recette sur une boîte de Betty Crocker.

Elle avait été étonnée que je retourne au concert de fanfare une deuxième fois et m'avait cuisiné, au retour, au-dessus de ce qu'elle croyait être un morceau de mon gâteau favori mais qui, en fait, était le sien. Elle voulait que je lui parle, j'avais envie de parler, alors j'avais facilement tout avoué en me disant que la force de ma nouvelle passion écraserait sûrement ses craintes vis-à-vis du théâtre. Mais devant sa réaction, je n'étais plus sûr si sa colère venait du fait que j'avais assisté à un spectacle sans sa permission ou si c'était juste parce que je lui avais désobéi une fois de plus.

« Si c'te pièce-là avait passé à la télévision, moman, tu m'aurais laissé la regarder !

— Fais pas ton smatte avec moi ! C'est pas les pièces qui m'inquiètent... »

Cet aveu lui avait échappé et elle se leva de table comme si elle avait eu l'intention de desservir.

« Ça veut dire quoi, ça...

— Ça veut dire que ça veut dire, j'ai pas d'explications à te donner !

— Moman, j'veux savoir pourquoi tu veux pas que j'aille au théâtre ! »

C'était alors sorti d'une seule venue, une longue coulée d'inquiétude, une vraie inquiétude de mère qui voit son enfant évoluer vers une zone qu'elle ne comprend pas, un monde qui comporte trop d'inconnues et trop peu d'éclaircies rassurantes, un malaise qui devait la tenailler depuis longtemps, qui minait ses forces vives et qu'elle avait gardé pour elle parce qu'elle n'avait personne à qui se confier.

« Penses-tu que je le sais pas, tout c'que tu fais en cachette depuis le commencement de l'été ? Penses-tu que j'le sais pas que tu vas aux vues deux pis trois fois par semaine sans me le dire ? Chus pas folle, t'sais ! Pis toé t'es trop niaiseux pour faire le ménage de tes poches de culottes quand vient le temps de les laver ! Des tickets de p'tites vues, Michel, j'en ai vu ben longtemps avant que tu viennes au monde pis chus encore capable de les reconnaître ! Pis là c'est rendu que ça va être le théâtre ! Quand t'étais tout p'tit, tu nous faisais des crises, le jeudi soir, pour qu'on te laisse écouter le Théâtre Ford, au radio, parce que t'étais en amour avec la voix de Marjolaine Hébert. J'aurais dû arrêter ça là tu-suite ! T'étais peut-être le seul enfant qui dormait pas encore à dix heures du soir dans toute la ville de Montréal ! Pis quand la télévision est arrivée, tu t'es étendu devant tous les soirs, tu connaissais l'horaire par cœur, y'avait pus moyen de te faire bouger de là ! J't'ai regardé grandir étendu devant la télévision ! Tu regardes les vues tard le soir même si on veut pas, tu lis dans ton lit jusqu'à des heures impossibles, tu t'endors après nous autres quasiment tou'es soirs, Michel, penses-tu que c'est normal ? Pis j'te vois jamais deboute ! Quand t'es deboute, c'est pour aller te faire un verre de Quick ou ben donc pour me dire que tu t'en vas ! T'es toujours effouerré dans un fauteuil ou ben donc couché devant la télévision, penses-tu que c'est pas inquiétant pour une mère ? J'aime pas plus le baseball pis le hockey que toi, tu le sais, mais y me semble que c'est pas normal un enfant qui a *jamais* joué une seule partie de baseball ni une seule partie de hockey de toute sa vie ! Ton père t'a emmené au Forum une fois pis ça a fini en drame ! J'veux pas que t'ailles au théâtre, pis j'veux pas que t'ailles aux vues pour les adultes parce que c'est dangereux pour toi ! J'te connais, c'est moi qui t'a fait ! Pis je le sais c'qui va arriver ! Pis j'veux pas que tu t'en ailles là-dedans, m'as-tu compris ? Que tu te caches pour écrire des affaires, c'est normal à ton âge, mais si tu te mets... J'veux pas, m'entends-tu, que tu te mettes dans la tête de devenir un artiste... C'est toute... C'est pas du monde comme nous autres, Michel, sont trop différents de nous autres... C'est toutes des hobos, des bohèmes pis des fifis, pis j'veux pas que tu deviennes comme ça ! Je le sais que j'peux pas t'attacher sur une chaise, que j'peux pas contrôler c'que tu fais quand t'es pas ici, mais chus ta mère pareil pis j'te défends, m'entends-tu, j'te défends de finir ton été comme tu l'as commencé ! T'es mon enfant, tu vis dans ma maison pis tu feras pas tes quatre volontés juste parce que tu gagnes de l'argent comme un adulte ! T'es t'encore un enfant, Michel, pis j'vas continuer à te traiter comme un enfant tant que tu seras pas un adulte ! T'as encore deux ans à m'endurer pis c'est moi qui te le dis, tu vas m'endurer ! »

J'aurais voulu la prendre dans mes bras, lui expliquer qu'il était trop tard, que j'allais peut-être devenir un artiste et que j'étais effectivement un fifi depuis quelques heures ; lui dire que ce n'était pas grave, même si je n'en comprenais pas encore toutes les implications, que j'étais capable de l'assumer, que j'essaierais pour le reste de mes jours de tout vivre ça sans que ça lui fasse de mal, à elle, que je préférais le savoir tout de suite que de vivre toute mon adolescence dans l'incertitude...

Mais je suis resté assis, immobile, les yeux sur les restes du gâteau. Je crois, maintenant que j'y repense, qu'elle attendait une réponse parce qu'elle est restée assez longtemps debout à côté de la table, elle aussi immobile, les poings posés sur la nappe de plastique où dansaient des bergers et des bergères dans un affreux camaïeu de bleus.

Elle voulait que je la rassure, que je dise oui moman à tout ce qu'elle venait de me verser sur la tête, que je sois un bon garçon, un enfant qui obéit à sa mère, et j'ai pensé que ce que j'aurais à lui dire la tuerait peut-être, alors je me suis tu.

C'est une des images les plus puissantes que j'ai gardées d'elle : son corps massif penché par en avant, ses seins lourds qui tendaient le tissu de sa jaquette légère d'été, l'inquiétude, la peur dans ses yeux, son menton qui tremblait, et pourtant je ne l'ai pas vue puisque je ne la regardais pas !

* * *

Je n'ai évidemment pas obéi à ma mère. Je lui ai tenu tête, comme toujours, et je suis dès le lendemain retourné au cinéma. Mais j'ai aussi, cette année-là, amorcé une nouvelle sorte de relation avec elle. Je continuais à lui mentir mais je lui laissais délibérément découvrir des indices de mes mensonges. Quelques tickets de cinéma pour commencer, parce que je savais que c'était moins grave pour elle que le théâtre — j'aurais pu aller voir un film marqué « pour toute la famille » —, puis un ou deux programmes de théâtre... Je faisais semblant de m'échapper à table, parlais avec mon frère Jacques des spectacles que j'avais vus, des chanteurs francais qui, à l'époque, visitaient Montréal en si grand nombre et que j'étais allé entendre. Mais jamais je ne prenais un ton crâneur qui aurait pu heurter ma mère ; je restais toujours au niveau de la conversation ordinaire. Maman se contentait de me fusiller du regard, probablement scandalisée par mon front de beu. Et j'appris au fil des mois à l'englober dans la conversation, d'abord avec mon propre regard, puis en lui parlant directement comme si la conversation du mois d'août n'avait jamais eu lieu et qu'il était tout à fait naturel que je lui parle de mes sorties. Étant elle-même passionnée de cinéma et de théâtre, elle finit par abdiquer et se laisser aller à m'écouter sans trop de rancune.

Puis, un soir, je me jetai à l'eau. Je crois que c'était après la représentation des *Oiseaux de lune* de Marcel Aymé, à la Comédie-Canadienne, montée aussi par Paul Buissonneau, mais je n'en suis pas sûr. Je fis comme lorsque j'étais enfant et que je revenais du cinéma : je m'assis à côté d'elle et lui racontai toute ma soirée à elle toute seule. J'avais fait ça des dizaines de fois et elle en avait toujours été ravie. C'était un spectacle qui m'avait fasciné, j'avais trouvé Claude Léveillée et Germaine Dugas merveilleux et j'essayais de lui transmettre tout mon enthousiasme, toute mon admiration. Quand j'eus fini mon récit, je la remerciai de m'avoir écouté jusqu'au bout.

Elle s'est contentée de me regarder. Et j'ai lu dans ses yeux que ses peurs n'étaient pas mortes, bien au contraire, mais qu'elle me laissait libre parce qu'elle comprenait.

LADY MONIAQUE

Je compose le numéro de téléphone de mon grand ami Réal Bastien.

Ma mère me crie par-dessus le linge étendu entre la salle à manger où se trouve le téléphone et la cuisine où elle brasse le macaroni à la viande avant de le mettre au four :

« Où c'est que t'appelles, comme ça, à c't'heure-là ? Le monde sont après souper !

— J'appelle chez Réal.

— Tu viens de le laisser y'a une demi-heure !

— J'ai quequ'chose à y dire.

— Tu y diras demain à l'école ! Ça a pas de bon sens, lâchez-vous un peu !

— Y'est trop tard, ça sonne. »

La tête de ma mère apparaît entre deux combinaisons d'hiver de mon père qui viennent à peine d'arrêter de dégoutter sur les journaux de la fin de semaine précédente étendus sur le plancher.

La mère de Réal répond au même moment.

« Réal est-tu là ?

— Oui, y'est là, mais jamais je croirai que vous avez encore quequ'chose à vous dire, vous avez jasé une heure devant la porte après l'école... »

Tout ça pendant que ma mère me crie tout bas par la tête. C'est son fameux chuchotement à la limite de l'hystérie qu'elle utilise quand elle veut me chicaner sans que personne d'autre ne l'entende. Ça lui donne un ton et un air que j'ai longtemps associés aux sorcières des contes de fées et qui m'ont terrorisé pendant toute mon enfance mais qui, maintenant, m'amusent plus qu'autre chose. À seize ans, les menaces et les bêtises d'une mère sont des incongruités qu'on balaye rapidement de la main.

« Veux-tu raccrocher c'te ligne-là ! Veux-tu raccrocher c'te ligne-là tu-suite ! Déjà que chus en retard dans mon souper parce que j'ai fini le lavage trop tard, j'veux pas en plus être obligée d'endurer tes niaiseries au téléphone ! Quand vous commencez, vous finissez pus ! Pis sont probablement au milieu de leur souper ! Yvont penser qu'on soupe trop tard ou ben donc qu'on soupe pas pantoute parce qu'on est trop pauvres ! »

Réal vient d'arriver au bout de la ligne.

« Michel ? J'allais justement t'appeler... »

Mais moi c'est à ma mère que je réponds.

« On est tu-seuls à manger si de bonne heure, moman, la ville de Montréal au complet mange à six heures comme tout le monde ! »

Ma mère est évidemment furieuse.

« Réponds-moi pas comme ça ! Réponds-moi pas pantoute ! »

Réal rit à l'autre bout de la ligne.

« Ma mère aussi est après m'engueuler ! »

J'entends la voix de madame Bastien :

« Où c'est que t'as pris ça, c'te mot-là, "engueuler" ! Vous regardez trop de télévision, on va finir par pus vous comprendre pantoute ! »

J'ai connu Réal Bastien le premier jour de la quatrième année. Nous venions de déménager de la rue Fabre à la rue Cartier, nous avions changé de paroisse, je ne connaissais personne dans le quartier, j'étais malheureux de ne pas pouvoir me rendre à l'école avec mes amis comme je l'avais toujours fait et je redoutais la nouvelle, Saint-Pierre-Claver, parce qu'on disait sur le Plateau Mont-Royal que « les élèves de Saint-Pierre-Claver sont toutes des calvaires ».

Pour ajouter à ma déconfiture, ma mère avait décidé d'aller me reconduire le premier matin comme si j'avais eu six ans et que je n'avais jamais quitté ses jupes. J'étais donc arrivé dans la cour de récréation la tête basse, au bras de mon énorme moman qui disait bonjour à tout le monde, surtout aux mères des élèves de première année mortes d'inquiétude parce qu'elles allaient se séparer de leur précieux trésor. Maman jasait, essayait de consoler les petits, distribuait caresses et conseils aux mères ; moi, j'avais l'air d'un élève de première année géant, d'un arriéré, d'un cancre, d'un p'tit gars à sa moman, et j'étais morfondu.

Comme elle avait oublié de faire mon entrée à l'école Saint-Pierre-Claver, nous nous étions vite retrouvés tous les deux au bureau du directeur. Et là j'étais devenu un indésirable. Il n'y avait pas de place pour moi, il était trop tard pour faire mon entrée, le directeur n'avait pas de formulaire, il fallait retourner à Saint-Stanislas leur demander de remplir des papiers... Je me voyais déjà chômeur plus tard parce qu'aucune école n'avait plus jamais voulu de moi, lorsque ma mère, avec un talent que je pouvais vérifier presque quotidiennement, s'était lancée dans ce que j'appelais « la scène de la syncope ». Elle avait porté la main à son cœur, avait tapoté sa vaste poitrine en faisant semblant d'avoir de la difficulté à respirer, s'était penchée par en avant, s'appuyant sur le bureau du directeur tout en déplaçant quelques objets parmi les plus fragiles, comme l'encrier ouvert, par exemple, et avait produit ce bruit que je haïssais tant, venu du fond de sa gorge, proche parent du râle, et qui, accompagné d'un roulement d'yeux particulièrement laid, vous donnait l'impression qu'elle allait crever dans les secondes qui venaient.

Cinq minutes plus tard, j'étais installé dans la quatrième année D, au milieu de petits étrangers qui me dévisageaient avec un air moqueur, les fameux calvaires que je redoutais tant et qui allaient sûrement me faire la job à la première occasion.

Ma mère avait probablement déjà retrouvé son sourire et sa joie de vivre pendant que le directeur de l'école, le frère Urbain-Marie, s'épongeait le front en se disant qu'il venait de l'échapper belle.

Mon nouveau professeur était un laïc, mon premier, il avait une voix terrible et nous expliquait que la quatrième année, l'année du verbe, du sujet et du complément, serait épouvantablement difficile. Je voulais mourir.

Un petit garçon presque blond, assis au pupitre juste devant le mien, s'était alors tourné vers moi et m'avait dit :

« J'm'appelle Réal. C'est quoi ton nom, toi ? »

Il y a déjà six ans de tout ça et nous ne nous sommes plus jamais quittés d'une semelle. Nous partageons les mêmes goûts ou à peu près (Réal déteste les livres alors que j'en dévore trois par semaine) ; nous avons le même sens de l'humour qui nous sert de refuge devant les difficultés d'être des élèves « artistiques » dans une école « sportive » ; mes amis de la rue Fabre, que j'ai vite retrouvés après notre déménagement parce que je n'arrivais pas à m'en faire sur la rue

Cartier, l'ont depuis longtemps adopté comme s'ils l'avaient toujours connu.

Toujours sous le regard assassin de ma mère, je me sens quand même obligé d'être un peu poli avec lui, au téléphone :

« Avez-vous fini de souper ?

— Es-tu fou ? On mange jamais avant six heures, six heures et demie... »

Je regarde ma mère qui refuse de quitter son poste. Elle est d'ailleurs assez drôle, comme ça, entourée de sous-vêtements et de chemises étendues les manches en bas.

« Nous autres on a déja fini... »

Elle disparaît, soulagée, et retourne à son macaroni pendant que les combinaisons d'hiver de mon père continuent à bouger sur la corde.

« Que c'est que tu voulais ? »

Avec toutes ces diversions, j'avais presque oublié mon excitation.

« Écoute... Y viennent de parler de quequ'chose à la télévision, là... ça a l'air ben ben bon... Écoutais-tu la télévision toé aussi ?

— Ben non, tu sais que mon père veut pas pendant qu'on mange...

— Y'a une pièce, là, qui joue...

— Tu veux pas encore m'emmener au théâtre !

— Écoute, tu vas voir, ça va t'intéresser ! Ça s'appelle *Lady Moniaque...*

— *Lady* quoi ?

— *Lady Moniaque...* Avec un titre pareil, c'est sûrement une histoire de femme riche... »

J'entends ma mère éclater de rire de l'autre côté de la muraille de vêtements.

Je bouche le récepteur.

« Qu'est-ce qu'y'a de si drôle ? Toé aussi, tu trouvais que ça avait l'air bon... »

Elle ouvre le four, y dépose le macaroni. Je ne la vois pas mais je devine ses gestes, toujours les mêmes, que je la vois répéter depuis toujours.

« Ben oui, ben oui, ça avait l'air bon...

— Ben, pourquoi tu ris, d'abord !

— Ah, y'est-tu fatiquant ! J'ai-tu le droit de rire dans ma propre maison ? »

Je retourne à ma conversation avec Réal qui commence à s'impatienter au bout du fil.

« T'es toujours là ?

— Ben, j'sais vivre si toi tu le sais pas ! »

Il ne faut surtout pas que je le mette de mauvaise humeur. Je sors ma voix la plus enjouée :

« Pis ça joue pas loin de chez vous à part de ça...

— Y'a pas de théâtre pas loin de chez nous !

— Ben oui, t'sais ben, j't'en ai déjà parlé... Ça s'appelle La Boulangerie, c'est sur la rue de Lanaudière, près de Laurier... Ça fait longtemps que j'veux y aller...

— J'irai certainement pas voir une pièce de théâtre dans un fond de cour !

— C'pas un fond de cour, c'est une ancienne boulangerie ! Pis si y'a de quoi, ça va encore sentir le bon pain... Aïe, y'ont montré des photos, sont toutes habillés en époque pis toute ! Ça joue à huit heures, pis c'est juste soixante-quinze cennes pour les étudiants, le mercredi... C'est encore moins cher qu'au Théâtre du Nouveau Monde pis qu'à la Comédie-Canadienne ! Envoye donc, on n'a pas de devoirs à faire à soir... »

Je sens qu'il commence à flancher, il faut que je trouve un argument qui va le convaincre définitivement. Quitte à utiliser un mensonge éhonté :

« Pis, chus pas sûr, mais j'pense que Louise Marleau joue dedans !»

Louise Marleau est notre idole. Elle n'a pas notre âge et elle connaît déjà une carrière que nous n'osons même pas envisager pour nous-mêmes quand nous rêvons de devenir moi un grand écrivain et lui un maître couturier... Nous suivons sa carrière depuis le début ; nous l'avons connue petite fille, nous la regardons avec ravissement devenir une adolescente. Réal traîne avec lui deux photos : celle de Lucille Ball, son actrice américaine favorite, et celle de Louise Marleau, son amour de par ici.

« Aïe, penses-y, on l'a jamais vue en personne ! Pis le théâtre est tout petit, tu la verrais de proche !

— Es-tu ben sûr qu'a' joue là-dedans, au moins ?

— Y me semble que j'ai entendu son nom...»

La tête de ma mère encore une fois, entre les jambes d'une combinaison. Les sourcils froncés, le doigt pointé dans ma direction. Je fais semblant de ne pas la voir. C'est difficile, elle pèse plus de deux cent vingt-cinq livres malgré sa petite taille.

« Michel, tu sais très bien que Louise Marleau joue pas là-dedans !»

Je bouche le récepteur, lui fais le geste de se taire.

« On se rencontre au coin de Laurier pis Cartier à sept heures et demie, okay ? Bye !»

Je raccroche à toute vitesse.

« Tu vas me reprendre c'te téléphone-là tu suite, toi, pis tu vas y dire que Louise Marleau joue pas là-dedans, okay ?

69

— Ben, y me semble que j'ai entendu son nom...
Pas toi ?
— Michel, t'es le pire menteur que la terre a jamais porté, ça fait qu'essaye pas de m'embarquer dans tes histoires ! Tu rappelles Réal tu-suite ou ben donc j't'attache après la table du téléphone pour le restant de la soirée !
— J'veux qu'y vienne avec moé, chus tanné d'aller au théâtre tu-seul ! Même si Louise Marleau joue pas là-dedans, peut-être qu'y va aimer ça pareil ! De toute façon, une pièce qui s'appelle *Lady Moniaque*, ça peut pas pas être bon !»

Je vois une lueur d'amusement dans les yeux de ma mère et j'ai un moment de doute. Elle disparaît sans rien ajouter derrière la corde à linge tendue entre les deux pièces et je l'entends varnouiller dans la cuisine.

Mon doute se change en inquiétude. Ma mère ne me laisserait jamais m'embourber dans un tel mensonge sans raison. Il y a donc une chose, dans toute cette histoire, qui m'échappe. Je reste assis près du téléphone, prêt à rappeler rapidement Réal si mon intuition continue à me dicter de le faire. Je repasse mentalement la scène qui vient de se terminer et ne trouve vraiment rien qui cloche... sauf, encore une fois, cette impression d'inquiétude qui m'énerve à cause de maman qui me laisse conter un mensonge sans me punir.

Ma mère se met à chantonner. Je sursaute presque. Quand elle veut me faire chier, elle a une façon de chanter que je reconnais tout de suite : c'est faux, c'est trop joyeux sans raison, ça ne part pas du tout d'un besoin de chanter mais plutôt d'une envie de me narguer que je sens parfaitement bien, c'est tout en « la-di-da-da » bien détachés et pleins de sous-entendus... Elle me fait ça quand je boude et qu'elle veut rire de moi ou... *quand elle a quelque chose à me cacher* !

Toujours en chantonnant, elle me lance :

« Ça va être prêt dans pas longtemps, tu peux mettre la table ! »

Je me jette sur le téléphone pour composer le numéro de Réal ; ma mère traverse les cordes à linge en trombe et s'empare de l'appareil.

« Faut que je parle à ta tante Rose. »

Je sais que c'est faux, qu'elle lui a déjà parlé au moins trois fois dans la journée... Mon inquiétude se transforme en panique. Soudain, c'est moi qui ne veux plus aller au théâtre. Quelque chose, un détail important, m'échappe et je suis sûr que ça va m'exploser en pleine face d'une minute à l'autre.

Maman s'installe au téléphone pendant que mon frère Jacques se met à table ; mon père n'est pas là, il travaille de cinq heures à une heure du matin.

« Servez-vous, c'est facile, vous avez juste à ouvrir le four... »

Jamais ma mère ne nous demanderait de nous servir nous-mêmes sans raison. Elle veut vraiment m'empêcher de rappeler Réal !

Ma panique est à son comble.

« Allô, Rose ? As-tu fait ton macaroni comme j'te l'avais dit ? Y'est-tu bon ? »

C'est ça, la chose importante qu'elle avait à dire à ma tante Rose ? Franchement !

Je suis de plus en plus persuadé que je vais faire rire de moi avant la fin de la soirée et je regrette déjà amèrement l'aventure de *Lady Moniaque.*

* * *

Comme chaque mercredi d'hiver, l'humidité est presque insoutenable dans la maison. L'odeur du souper se mêle à celle des vêtements étendus dans toutes les pièces ; une buée blanchâtre recouvre les vitres de toutes les fenêtres et même celles des portes coulissantes du vaisselier tout neuf de ma mère, acheté chez « Rolland Gagné, l'homme qui achète vos vieux meubles et vous en revend des neufs à crédit » et qui fait sa fierté malgré sa grande laideur. (Elle le trouve magnifique, évidemment, c'est moi qui le trouve laid.) Je n'ai pas l'impression de manger l'éternelle soupe à base de tomates qui frémit à cœur d'année sur le rond du fond du poêle à gaz et que ma mère allonge au fil des jours en y rajoutant légumes ou pâtes, mais d'y *évoluer* ! La salle à manger au complet est un bol de soupe ! Mon front est en sueur, j'ai détaché mon col de chemise après ma première cuillerée de soupe trop chaude, l'eau me coule dans le dos...

Ma mère ne nous a évidemment pas laissés nous servir nous-mêmes, mon frère et moi. Elle a coupé court à sa conversation avec ma tante Rose pour se précipiter vers le poêle « avant qu'on gâche tout son souper ».

J'ai mis la table avec un enthousiasme mitigé.

Maman a été obligée de faire des tours d'acrobatie pour transporter les assiettes creuses de la cuisine à la salle à manger sans salir de rouge les vêtements qui pendent entre les deux pièces. Elle s'est penchée, a marché presque courbée en deux en tenant une assiette pleine à ras bord, s'est relevée en s'auréolant le front d'une manche de chemise et est arrivée à la table en sacrant contre les maudits appartements de coin de rue qui n'ont pas de facilités. Puis elle a recommencé le même manège pour la deuxième assiette de soupe, la mienne, parce qu'en tant que petit dernier de la maison je suis toujours servi après tout le monde. J'en souffre moins depuis que mon frère Bernard est marié et que ma tante Robertine et mon cousin Claude nous ont quittés, mais le principe me choque encore. Ma mère se frotte les reins. Je lui offre de l'aider, elle se contente de me répondre que j'ai fait assez de gaffes pour aujourd'hui et qu'elle n'a pas envie de recommencer sa journée de travail à cause de moi.

À l'époque de l'appartement de la rue Fabre, elle et ma tante Robertine pouvaient étendre leur lavage sur deux interminables cordes à linge qui partaient de notre galerie de bois, derrière la maison, traversaient la ruelle et se perdaient dans un érable de la cour des Valois, sur la rue Garnier. Été comme hiver, nos vêtements s'y balançaient sous les sarcasmes des voisins parce que le mercredi — jour que ma mère avoit choisi pour laver — n'était pas normalement jour de lessive. Tous les lundis, la ruelle au complet, entre Mont-Royal et Gilford, se tapissait de robes, de draps, de sous-vêtements, de mouchoirs et de linges à vaisselle, les cordes de tout le quartier se tendaient sous le poids des vêtements mouillés, les poulies grinçaient dans le vent mais notre corde à nous restait vide pour la seule et unique raison que ma mère détestait faire comme tout le monde. Ma tante lui demandait souvent pourquoi elles ne lavaient pas le lundi et ma mère se contentait de répondre :

« Si la rue Fabre au complet décide de mourir un lundi, vas-tu faire pareil ? »

Et chaque mercredi nos hardes étaient offertes en pâture aux voisins qui ne se privaient pas pour passer des commentaires désobligeants sur la couleur de notre garde-robe et son état plus ou moins avancé de détérioration. J'avais toujours eu un peu honte que mes petites culottes se balancent, comme ça, au su et au vu de tout le monde en plein mercredi après-midi et j'avais souvent demandé à ma mère de les faire sécher dans la maison. Elle avait refusé en me traitant d'enfant gâté.

Il m'est arrivé d'aller me planter au beau milieu de la ruelle et de fixer nos deux cordes à linge en espérant que la maison brûle, juste pour empêcher les voisins de regarder mes caleçons sécher.

Mais ici, notre appartement fait le coin de Mont-Royal et Cartier, il n'y a pas de cour arrière et ma mère, dès notre arrivée, a été obligée de s'inventer un système de cordes qui parcourt tout l'appartement. Elle l'installe avec impatience chaque mercredi matin pendant sa première brassée, montant sur une chaise quand le crochet de soutien est trop haut, tirant sur les cordes pour qu'elles soient bien tendues, répétant pour la millième fois que cet appartement-là n'a pas été fait pour des pauvres comme nous mais pour des gens qui ont les moyens d'envoyer tout leur linge chez le nettoyeur.

Je sais que l'odeur d'eau de javel persistera jusqu'à demain matin et ça me déprime. Si ma mère ne fait pas une dernière brassée ce soir — cela lui arrive, hélas, assez souvent — je n'entendrai tout de même pas, du sofa-lit où je dors, les vêtements dégoutter sur le papier journal pendant une partie de la nuit...

La soupe terminée, le même manège se répète pour les assiettes de macaroni. Maman se contorsionne, s'accroupit presque, fait des pieds et des mains pour nourrir ses deux fils sans avoir à recommencer son lavage.

Puis elle finit par s'attabler avec nous.

Elle en est à sa soupe, nous achevons notre macaroni. Nous savons que si nous voulons du dessert, nous aurons à attendre qu'elle ait fini ses deux premiers plats parce que nous n'avons pas le droit de nous lever de table avant elle. C'est la façon qu'elle a trouvée de nous obliger à lui faire la conversation. Mon père essaie encore de s'insurger parfois, mais elle le rassoit d'un seul regard. Le message est clair : parlez-moi, sinon vous n'aurez pas de dessert. C'est surtout humiliant pour mon frère Jacques qui a onze ans de plus que moi, mais il s'y prête de bonne grâce, avec un humour que je lui envie.

Cette fois, cependant, au lieu d'attendre que chacun de nous lui raconte sa journée, c'est elle qui parle la première.

Elle s'essuie la bouche lentement, prend une gorgée de thé — elle boit du thé avec *tout* — regarde mon frère.

« Michel s'en va voir une pièce de théâtre, à soir... T'sais, y'en parlaient, t'à l'heure, à la télévision... »

Mon frère s'en fout et se contente de grogner quelque chose qui a l'air de signifier qu'il s'en fout.

Ma mère me jette un coup d'œil moqueur.

« C'est quoi déjà, le titre de la pièce ?

— Moman, y l'ont dit à peu près dix fois pendant l'émission, ça s'appelle *Lady Moniaque*. »

Jacques lève la tête de son assiette vide où il avait réfugié son ennui, fronce les sourcils, regarde ma mère.

Celle-ci pouffe de rire dans sa cuillerée de soupe.

Encore !

* * *

75

J'attends Réal depuis quinze bonnes minutes. Ce n'est pas la première fois et ce ne sera sûrement pas la dernière, je le sais, mais je suis quand même enragé noir. Il arrive en retard, au mieux à la dernière minute, partout où il va et ça me rend fou.

Moi, je suis plutôt du genre à me préparer trop tôt, à partir trop tôt et à arriver avant tout le monde, parfois même avant que les hôtes soient prêts (la gêne de se retrouver tout seul dans un salon avec un énorme cadeau dans les bras pendant que la maîtresse de maison finit de se préparer ou que la fillette dont on fête l'anniversaire est encore sous les bigoudis !), ou, plus souvent, avant que la séance de cinéma précédente soit terminée (le nombre de fois, durant mon adolescence, où j'ai vu la fin d'un film avant d'en voir le début !).

J'ai pourtant pris la peine de donner rendez-vous à Réal une demi-heure avant le spectacle pour être bien sûr que cette fois nous ne serons pas en retard ! Je commence à avoir les pieds gelés. Je les frappe l'un contre l'autre. Je rentre le cou dans les épaules. Je me donne des tapes sur les bras. Ça y est, je vais être obligé d'aller faire pipi juste avant d'entrer dans la salle si je ne veux pas déranger tout le monde pendant ! Au cinéma, ça m'est bien égal de sortir au milieu d'un film pour me rendre aux toilettes et même pour aller acheter des choses à grignoter, mais au théâtre, il me semble que ça ne se fait pas... Ça m'est arrivé un dimanche après-midi, pendant une représentation du *Baladin du monde occidental*, au Théâtre du Nouveau Monde, et j'ai failli mourir de honte ! J'étais convaincu que Madeleine Langlois, qui, comme d'habitude, jouait le rôle d'une espèce de mégère, me regardait remonter l'allée et qu'elle allait venir m'engueuler devant tout le monde pendant l'entracte ! Qu'est-ce que je pourrais lui répondre, que la nature me « commandait », comme le disait ma grand-mère ?

Je vois Réal tourner le coin des rues de Lorimier et Laurier.

Je mets mes mains en porte-voix :

« Envoye, dépêche, on est en retard ! »

Jamais il ne se mettrait à courir pour me rejoindre plus rapidement, pour me faire plaisir, pour nous empêcher d'arriver au théâtre en retard, non, il se contente de presser un peu le pas, la tuque bien plantée sur la tête, le pompon raide et, certainement, le sourire aux lèvres puisqu'il sourit chaque fois que je crie d'impatience.

Je cours au-devant de lui comme un imbécile. Jusqu'à la rue Chabot. Où je l'attends. Il lève un peu les bras, aussi découragé de mon impatience que moi de sa lenteur.

« On est pas en retard pantoute, y'est même pas moins cinq !

— Y'est peut-être pas moins cinq mais on n'a pas nos billets, on sait même pas ousque le théâtre se trouve, faut que j'aille faire pipi avant que ça commence...

— Tu devrais sortir avec ta mère, Michel, vous êtes pareils tous les deux, vous vous énervez pour rien ! »

Je le tuerais bien tout de suite mais je manquerais le spectacle, alors je me retiens.

J'essaie de le faire marcher plus vite.

Il fait exprès de traîner un peu de la patte.

Je penche la tête, je serre les poings ou, du moins, j'essaie avec mes deux paires de gants superposées,

77

celle en laine pour avoir chaud et celle en cuir pour faire beau.

Réal me donne une poussée sur l'épaule.

« Le théâtre, ça commence toujours en retard ! »

Je lui remets sa poussée.

« Ouan, comme toé ! »

Il me retient par la manche de parka.

« Pis fais pas la baboune, sinon je retourne chez nous regarder *La Famille Plouffe* ! Aïe, me faire manquer ma *Famille Plouffe* pour aller voir une Lady qui va peut-être être jouée par une actrice qu'y'a pas l'air d'une Lady pantoute, dans un théâtre qui a même pas les moyens d'y payer une toilette qui a de l'allure... »

Il est au bord de faire demi-tour, je suis désespéré pour le convaincre de rester avec moi. Alors, comme je sais qu'il adore aussi Denise Pelletier, j'ajoute :

« C'est peut-être Denise Pelletier qui joue la Lady, on sait jamais...

— Niaiseux, est après faire Cécile Plouffe à la télévision, a' peut pas être à deux places en même temps ! »

Je me mords les lèvres. Surtout que c'est moi qui ai expliqué à Réal que la télévision se fait en direct, pour vrai, en même temps qu'on la regarde, alors qu'il croyait que ça se faisait d'avance comme le cinéma.

« T'à l'heure tu me promettais Louise Marleau, là c'est Denise Pelletier. C'est qui la prochaine, Lucille Ball ?

— Lucille Ball est à Hollywood, y fait chaud pis est ben !

— Pis pourquoi, tu penses, qu'y vendent des billets d'étudiants moins cher le mercredi soir à ton maudit théâtre ? Hein ? Parce que tout le monde regarde *La*

Famille Plouffe pis qu'y'a pas un maudit chat au théâtre, le mercredi soir ! Rien que des étudiants pauvres comme nous autres ! »

Je ne me tiens plus d'impatience, je cours sur la glace vive entre Garnier et de Lanaudière.

« Même là, chus pas sûr... Y'a ben rien que toi dans toute la province de Québec, Michel Tremblay, pour aller au théâtre le mercredi soir ! »

Je fais celui qui n'entend rien. Parce qu'il a parfaitement raison.

Je regarde vers le sud. Rien. Pas la moindre petite marquise de théâtre. Je regarde vers le nord. Rien non plus. À moins que la minuscule lumière blanchâtre, sur le côté ouest, au-dessus d'un bâtiment qui a l'air d'un ancien garage...

Réal arrive sur mes talons.

« C'est ça, ton théâtre ? T'es sûr qu'y vendent pas encore du pain de fesse ? Moi, en tout cas, si j'étais Denise Pelletier, ou ben donc Louise Marleau, j'te dis que je jouerais pas là-dedans. Même une Lady ! »

(Y va-tu me lâcher !)

Nous approchons un peu plus rapidement. Il est huit heures moins deux. Oui, c'est bien là.

Il y a une petite affiche, au-dessus de la porte, que nous lisons en meme temps.

Et je comprends tout. Le froncement de sourcil de mon frère, les bouffées de rire de ma mère...

La pièce s'intitule *Les Démoniaques*.

Réal se tourne vers moi.

Lui ne s'empêchera pas de m'assassiner, ça lui est égal de manquer le spectacle.

« *Lady Moniaque*, hein ? »

79

Je m'engouffre dans l'entrée du théâtre avant qu'il m'attrape, je me précipite vers le guichet où une caissière a l'air de s'ennuyer pour mourir.

« Est-ce qu'il vous reste des billets d'étudiants pour ce soir ? »

(Je change toujours un peu ma façon de parler quand je vais au théâtre, et ça enrage Réal qui dit que je prends un accent francais.)

La caissière me tend deux billets.

« Ça, pour en rester, y'en reste, mais le spectacle est juste à huit heures et demie. Une piasse et demie pour les deux, s'il vous plaît. »

En entendant ce que dit la caissière, Réal laisse tomber un énorme « maudite marde » qui fait sursauter les deux autres spectateurs qui, comme nous, sont arrivés à l'heure des quétaines.

* * *

« Engueule-moé si tu veux, mais y'est trop tard pour retourner chez vous, j'ai déjà payé ton billet ! »

Je lui tends son programme. Un feuillet plié en deux. Il me l'arrache presque des mains.

« Pis en plus on a une belle grande demi-heure pour lire ça ! Quand je pense que j'aurais le temps de retourner chez nous à temps pour voir *La Famille Plouffe* ! »

Je trouve qu'il a dangereusement rougi. Il s'amuse parfois à forcer pour que le sang lui monte à la tête et sa mère lui a dit, j'étais là, je m'en souviens très bien, que c'était très dangereux, qu'il pouvait *se faire éclater le cerveau* ! Quand il se fâche, il n'a pas besoin de forcer pour devenir tout rouge, mais dans les circonstances ça me fait peur alors que d'habitude ça m'amuse. Je n'ai pas envie de ramasser les restes de la tête de mon meilleur ami pour les rapporter à sa mère dans une boîte de carton ou un sac de magasinage !

Évidemment, il n'y a ni Louise Marleau, ni Denise Pelletier dans la distribution. Mais il y a un acteur qui s'appelle Yvan Berd, que j'ai déjà vu faire des figurations au Théâtre du Nouveau Monde et que je trouve très beau (sans le dire à Réal, évidemment, parce que nous ne parlons pas de ces choses-là ; je suis sûr qu'il est hétérosexuel, il est convaincu de la même chose à mon sujet).

« Y'a pas une maudite actrice qu'on connaît, là-dedans !

— J'en connais quequ's'uns, moi...

— Qui, ça ? Qui, ça ? »

Je lui montre timidement le nom d'Yvan Berd.

« Yvan Berd, c'est pas une actrice, c'est un acteur ! Pis j'le connais pas pareil ! M'as t'en faire une, Louise Marleau, moi, quand on va sortir d'ici... »

* * *

La salle est exiguë, le plafond bas, les sièges inconfortables. Il est à peine huit heures et quart que nous sommes déjà installés devant un décor minimaliste composé d'éléments disparates probablement rapaillés dans le plus secret des fonds de cours du quartier. Ce décor, je le sens, ne fera pas non plus la joie de Réal.

« Je le sais pas ce qui me retient ici, je le sais pas ! Y faut que tu sois vraiment convaincant pour me garder ici, toi ! On va attraper des puces sur ces sièges-là, ça a pas de bon sens, j'ai déjà envie de me gratter ! »

81

Il contemple le décor deux grosses secondes.

« C'est pas des farces, c'est plus laid que chez nous ! »

Les deux autres spectateurs — personne n'est entré dans le théâtre pendant les quinze dernières minutes — nous ont suivis ; ils sont placés exactement à côté de nous, comme s'il n'y avait pas assez de sièges vacants ailleurs.

Je me penche sur Réal.

« La caissière voulait regrouper son public ! »

C'est le genre de réflexion qui le fait habituellement s'écrouler de rire. Il ne réagit pas à ma plaisanterie mais me dit, la bouche un peu croche pour que ses voisins n'entendent pas :

« On change-tu de places, y sentent le parfum à plein nez...

— J'sais pas si on a le droit, les billets sont numérotés... »

Il me regarde comme si j'étais un enfant de dix-huit mois qui refuse de faire ses premiers pas.

« Si ça se remplit tout d'un coup, on reviendra s'asseoir ici, okay ? »

Les sièges craquent, les planchers craquent, les deux autres spectateurs nous regardent nous éloigner. Le plus vieux des deux hommes nous apostrophe :

« On pue-tu, coudounc ? »

Il a une voix efféminée et éclate d'un rire en cascades qui risque de faire s'écrouler le théâtre au complet.

Je voudrais m'écraser là et me laisser mourir de honte (nous ont-ils entendus ?), mais Réal se tourne d'un seul coup vers lui.

« Non, c'est nous autres qui avaient peur de pas sentir assez fort ! »

Il me pousse dans le dos.

« Envoye, t'aimes ça le théâtre, on va aller s'installer dans la *première* rangée !

— Es-tu fou, les acteurs vont nous regarder dans le blanc des yeux !

— Y'ont pas le droit, c'est nous autres qui payent pour les regarder ! J'en veux pour mon soixante-quinze cennes ! Tu regarderas les plombages de ton Yvan Berd ! »

Mon Yvan Berd ? Se doute-t-il de quelque chose ?

En plus, il a élevé la voix et je suis sûr que les acteurs, qui doivent être parqués comme un troupeau dans une toute petite loge derrière la scène, l'ont entendu. Je suis plutôt étonné de cette soudaine manifestation de colère, Réal étant, de nature, plutôt réservé.

« C'est pas nécessaire de crier de même, y vont nous entendre !

— Ben qu'y nous entendent, c'est toute ! »

Il se laisse tomber sur un siège du premier rang qui geint comme s'il allait rendre l'âme. Je teste un peu le mien du plat de la main avant de m'installer. Je suis vraiment très gêné d'être assis aussi près

« On va ben sentir leur haleine ! »

Trois rangs derrière nous, les deux autres spectateurs pouffent de rire. Je rougis en m'écrasant au fond de mon fauteuil. Si eux m'ont entendu, les acteurs ont dû m'entendre eux aussi ! Surtout que je viens d'apercevoir un frémissement derrière une fausse porte du décor. Réal a vu le mouvement, lui aussi.

« Envoye, qu'y commencent, qu'on finisse ! »

Un autre spectateur entre dans la salle, regarde autour de lui, et décide d'occuper le premier siège près de la sortie.

Réal lance un long soupir.

« On va être tassés ! »

Je veux à tout prix regagner la sympathie de mon ami, alors je deviens franchement flagorneur :

« Y'est prudent, lui, hein, si c'est plate, y va pouvoir s'en aller... On aurait peut-être dû faire pareil... »

Réal n'a pas le temps de me couvrir du mépris que je mérite, les lumières commencent à baisser dans la salle.

Et j'ajoute une dernière idiotie :

« Bonne soirée ! »

* * *

C'est mon tout premier contact avec le théâtre de l'absurde.

Au bout de dix minutes, je voudrais moi aussi me retrouver devant l'écran de télévision. On est bien loin des quatre mille dollars de Cécile Plouffe et du championnat de hockey de son frère Guillaume ! Je ne comprends rien à l'action ni au jeu des acteurs. Ça ressemble un peu à *La Boîte à surprises* mais il n'y a pas un enfant dans la salle, et moi qui regarde encore volontiers cette émission en me pliant parfois en deux de rire, je ne m'amuse pas du tout. Je ne sais même pas si c'est vraiment drôle. Peut-être que ça ne l'est pas. En fait, je trouve ça profondément niaiseux mais en même temps je me trouve moi-même niaiseux parce que je pense que ça ne se peut pas que ça le soit : c'est censé être du théâtre d'avant-garde et le théâtre d'avant-garde c'est tout sauf niaiseux ! À ce qu'on m'a dit, en tout cas, ou, plutôt, d'après ce que j'en ai lu dans les journaux. Je suis donc vraiment très mêlé, moi qui, d'habitude, aime toutes les pièces que je vais voir, sans discrimination ou, comme me le dit souvent mon frère Jacques, sans discernement...

Évidemment, je n'ose pas regarder Réal qui fulmine sans le cacher. J'ai l'impression que de la boucane va lui sortir des oreilles d'une seconde à l'autre, comme dans les cartoons...

Les acteurs sont trop près, on voit leur maquillage et ça les enlaidit (même Yvan Berd a l'air d'un bouffon !). Mais c'est peut-être voulu. Ou peut-être pas. Je suis vraiment perdu.

Je suis convaincu que les acteurs ont entendu Réal se gourmer, qu'ils l'ont vu du coin de l'œil croiser puis décroiser ses longues jambes parce qu'ils ont, chacun à leur tour, regardé dans notre direction. Je donne un coup de coude à mon ami pour qu'il se calme. Ils font assez pitié de jouer devant cinq personnes, laissons-les faire sans les déranger !

La première partie s'étire péniblement puis finit dans l'indifférence générale. Personne n'a ri. J'espère vraiment que ce n'est pas une comédie !

Réal se relève avant même que les lumières soient complètement revenues.

« Au moins, j'vas pouvoir voir la fin de *La Lutte au Forum*... »

Il est déjà dans le hall ; je le suis comme un petit chien.

« T'as pas envie de t'en aller !

— J'vas me gêner !

— On est juste cinq ! Si on s'en va, y va en rester trois ! Pis on est assis dans la première rangée !

— Y nous connaissent pas, Michel, y courront pas après nous autres avec des couteaux pour nous couper en petits morceaux, voyons donc !

— Ah, chus pas capable de m'en aller, moé... J'peux pas leur faire ça...

— Reste si tu veux, moi j'en ai assez vu...

— Ben, on comprend pas trop ce qui se passe, c'est vrai, mais le spectacle est bon... y me semble !

— C'est plate, Michel, c'est plate pour mourir, pourquoi on resterait ? Fais-toi pas accroire que t'aimes ça, là, juste pour rester, t'haïs ça toi aussi, ta maudite *Lady Moniaque*, pis tu veux rester juste par entêtement ! »

Le dernier spectateur, celui qui est arrivé juste avant le début de la pièce, semble être de l'avis de Réal puisqu'il est en train de mettre son pardessus.

« Tiens, r'garde, lui aussi y s'en va...

— C'est encore pire, y va juste rester les deux hommes qui sentent fort avec nous autres...

— Restes-tu ou si tu restes pas ? Moi, en tout cas, j'm'en vas ! »

Il est parti. Il a profité de ce que la porte était ouverte pour se glisser derrière le cinquième spectateur, comme s'il l'accompagnait ou comme si celui-ci l'avait obligé à partir. Je reste seul dans le hall avec les deux dernières victimes qui me regardent avec un sourire un peu forcé. Le plus vieux s'adresse à moi.

« On s'en irait ben, nous autres aussi, mais si tout le monde s'en va... »

Et voilà que je me pose une question qui aggrave mon malaise : si tous les spectateurs partent à l'entracte, est-ce que les acteurs sont obligés de jouer la deuxième partie d'un spectacle ? Je les imagine évoluant sur la scène devant une salle totalement vide... Non, c'est impossible... Mais alors, seraient-ils payés ? Complètement, ou juste à moitié ?

C'est la fin de l'entracte ; les deux hommes hésitent encore... puis prennent le parti de rester. Probablement par pitié. Moi aussi.

Mais cette fois je décide de m'installer plus loin de la scène... puis je pense qu'ils vont s'imaginer que nous sommes partis et je reviens m'asseoir en avant. Pour un deuxième acte tout aussi incompréhensible que le premier.

Plein de bonne volonté et délivré de la présence pesante de Réal, j'essaie pourtant de comprendre, d'apprécier, de suivre l'action, mais rien n'y fait, je suis dans le noir total, je me fais chier et je suis malheureux. C'est le premier spectacle de ma vie que je n'aime pas : je ne croyais jamais que ça m'arriverait et ça me déçoit profondément.

Je me sens encore plus misérable à la fin du spectacle parce que, trop gênés, les spectateurs dont je représente à moi tout seul le grand tiers n'applaudissent pas. Les acteurs ne viennent donc pas saluer. On les entend sacrer en coulisse. Des portes claquent.

Je sors de là comme on quitte un salon mortuaire.

Ma peine est vraiment très grande. Pour eux, les artistes, qui ont cru en ce qu'ils faisaient et dont je n'ai pas pu apprécier le travail et pour moi, pauvre adolescent plein de bonne volonté qui n'a pas du tout compris ce qu'il vient de voir malgré sa grande passion pour le théâtre, qui a perdu une soirée, deux émissions de télévision, la confiance d'un ami et soixante-quinze précieuses cennes.

* * *

Maman m'attend comme elle le fait souvent quand je reviens du théâtre, maintenant que j'ai le droit d'y aller. Mais cette fois je n'ai pas besoin de lui raconter ma soirée. Elle rit tellement en me voyant la binette qu'elle est obligée de s'essuyer les yeux avec le grand tablier à fleurs qui ne la quitte jamais, même lorsqu'elle est installée devant le poste de télévision.

« Réal t'as appelée, hein ?

— La deuxième partie était-tu meilleure que la première ? Parce qu'y paraît que la première, c'tait quequ'chose !

— T'es donc drôle ! »

J'enlève mes gants, mon parka, je secoue mes bottes au-dessus du vieux morceau de tapis sur lequel elles sécheront toute la nuit.

« Franchement, moman, t'aurais pu me le dire, pour *Lady Moniaque,* j'ai eu l'air d'un vrai fou ! »

Elle repart à rire, se recache le visage dans son tablier, se remouche dans son grand mouchoir de coton.

« Insignifiant ! Assis-toi, j'vas te conter c'que t'as manqué dans *La Famille Plouffe.* C'tait ben bon ! »

LE TEMPS DES LILAS

« Michel, va donc nous chercher des belles oreilles d'éléphant pour le dessert... »

C'est ainsi que nous appelions chez nous les palmiers, ces gâteaux en pâte feuilletée caramélisée, délice de mon père, que la Pâtisserie du Parc me vendait à rabais lorsque venait le temps de les retirer des tablettes pour les jeter.

Tous les gâteaux et toutes les pâtisseries du Ty-Coq Barbecue où je travaillais provenaient de cet établissement, et c'est moi qui étais chargé, chaque semaine, d'aller chercher les douze tartes (six aux pommes, six aux fraises) dans deux énormes boîtes de bois étagées qui pesaient une tonne chacune ; les vendeuses me connaissaient donc très bien. Elles me prenaient d'ailleurs en pitié lorsqu'elles me voyaient partir avec mes tartes, les bras étirés par l'effort, le front couvert de sueur l'été et le toupet gelé l'hiver. Et c'est pour ça qu'elles me gardaient les vieux palmiers dont elles savaient ma famille friande et qui risquaient de finir à la poubelle.

Jamais je n'aurais avoué à ma mère que les oreilles d'éléphant que j'achetais étaient bonnes à mettre aux vidanges, mais je me suis souvent demandé si elle ne s'en doutait pas. Elle disait parfois : « J'comprends qu'y'es vendent pas cher, leurs pâtisseries, c'est tellement sec que ça nous casse entre les mains ! »

Elle me regardait avec un drôle d'air. Je lui répondais :

« C'est faite comme ça, ces pâtisseries-là, moman, y faut que ça soit sec... »

J'espérais qu'elle ne pense jamais à en acheter au plein prix. L'humiliation la tuerait sûrement.

Je levai le nez de mon devoir d'algèbre.

« C'est vendredi, moman... Pis en plus, c'est le carême... »

Ma mère laissa échapper un soupir qui en disait long.

« C'est ben beau de faire pénitence, mais y'a toujours ben des bouttes à toute ! Si le souper est pas mangeable, au moins le dessert va être bon ! »

Comme elle détestait le poisson, elle avait décidé depuis longtemps que personne dans la famille ne l'aimait et n'en achetait jamais. Les repas du vendredi étaient donc limités aux quelques plats sans viande qu'elle endurait : la sauce aux œufs que j'haïssais entre toutes parce que je trouvais que ça goûtait le plâtre, les fèves au lard (oui, le lard c'est de la graisse de porc, mais dans le Québec de cette époque-là, cette entorse au jeûne imposé le vendredi était tolérée), les toasts dorées dont je raffolais mais qui goûtaient quand même trop le matin à mon goût et quelques autres petites merveilles du genre que je me suis empressé d'oublier. (Ma mère n'aurait *jamais* pensé à faire des spaghettis sans viande, comme elle n'aurait *jamais* pensé à préparer une vinaigrette pour la salade ! La seule laitue que j'ai connue jusqu'à l'âge de vingt-cinq ans était coupée en fines lamelles, relevée d'un peu d'échalote mais pas trop et baignait dans de la crème douce ajoutée de sel et de poivre... La vinaigrette, n'importe quelle vinaigrette, a donc été une des grandes découvertes de mon existence !)

J'aime passionnément la viande ; le vendredi était un véritable calvaire pour moi.

Ces jours-là, après la soupe aux légumes, maman sortait toujours la même réplique, exactement la même, sans variation :

« C'est à soir qu'on paye pour les péchés qu'on a faites c'te semaine... »

Elle apportait le chaudron de binnes ou de sauce aux œufs, nous servait en arborant une éloquente grimace et disparaissait dans la cuisine où elle essayait d'apaiser sa faim en trempant des biscuits Social Tea dans sa tasse de thé. (Plus tard dans la soirée, je la surprendrais en train de se servir une soucoupe de binnes ou une petite portion de sauce aux œufs. Elle se contenterait de hausser les épaules, l'air de dire : « Avant de perdre sans connaissance... »)

Mais une fois par année, c'était un rituel que nous attendions avec horreur et auquel il était impossible d'échapper, vers le milieu ou la fin du mois de février, un vendredi soir quand il travaillait de jour, un vendredi après-midi quand il était sur l'horaire de nuit, papa nous arrivait avec un plein sac d'éperlans qu'il venait d'acheter d'un gars à la taverne. Il le déposait sur la table, disait à maman en souriant :

« On va se faire un de ces snacks à soir, Nana, les petits poissons des chenaux sont arrivés ! Pis y sont toutes nettoyés, à part de t'ça ! »

Devant sa joie enfantine, sa conviction de nous faire un cadeau sans prix parce qu'on n'en voyait qu'une fois par année, ma mère n'osait pas lui dire à quel point nous haïssions tous les éperlans dans la famille et que nous les mangerions uniquement pour lui faire plaisir.

Si j'étais là, elle me regardait en fronçant les sourcils et en faisant une moue de dégoût ; je refugiais mon fou rire dans l'écran de télévision ou dans mes devoirs que je faisais toujours sur la table de la salle à manger pendant qu'elle préparait le repas.

Pour la seule fois dans l'année, également, mon père s'intéressait tout à coup à ce qui se passait dans la cuisine :

« As-tu de la fleur pour les faire griller, au moins ?

— Armand, franchement, m'as-tu déjà surpris sans fleur ? Voir si j'attends que t'arrives avec tes verrats de poissons des chenaux pour acheter de la fleur ! J'te demande-tu si t'as de l'encre pour imprimer ton maudit papier, moi ? »

Et mon père quittait la cuisine pour une autre année complète.

Après avoir regardé dehors (la tempête de neige venait à peine de finir), je quittai mon devoir d'algèbre, commençai à mettre mes bottes d'hiver lacées qui avaient un peu trop l'air lumberjack pour moi mais qui me tenaient les pieds bien au chaud.

Ma mère était penchée sur une immense poêle en fonte où grillaient, dans un pétillement assez désagréable à l'oreille, quelques douzaines d'éperlans recouverts de farine.

« En plus, j'vas sentir le poisson pour aller au théâtre, à soir... »

Elle ne cacha pas son envie de rire.

« J'voudrais pas être ta voisine de siège ! Y vas-tu avec tes amis, au moins ?

— Non, ça leu'tente pas personne.

— Une chance ! Au moins t'es sûr de pas avoir quelqu'un que tu connais assis à côté de toé !

— C'est pire, tu veux dire ! J'vas avoir assez honte !
Surtout que le monde qui vont au théâtre, d'habitude, y
sentent plutôt bon... Tu rentres là, pis y'a deux douzaines de parfums qui te sautent dessus... J'te dis qu'y
doivent pas manger de poisson, eux autres, le vendredi
soir... »

Ma mère se repencha sur sa poêle à frire.

« Voyons donc, sont ben gros c't'année, j'arrive pas
à les faire cuire ! »

Elle monta un peu le gaz, vérifia, le monta encore.

* * *

« J'les ai brûlés ! Toute la gang ! »

La maison était envahie par un fumet de poisson
calciné qui prenait à la gorge dès l'entrée. Ça sentait la
conserverie incendiée, le bord de mer en Gaspésie
quand le poisson sèche depuis des semaines, le saumon
fumé passé date, le frigidaire trop longtemps négligé...

« Y'en a pus un de bon ! Pus un ! Sont toutes restés
collés au fond ! Ça a l'air d'une crêpe au poisson, maudit ! Que c'est qu'on va faire ? Ton père va arriver de la
taverne d'une minute à l'autre... C'est son plat préféré,
pis y'en mange juste une fois par année ! J'y ai gâté sa
traite de l'année, c'est pas des farces ! Si j'me r'tenais
pas, j'ouvrirais le châssis pis j'me jetterais en bas du
deuxième !

— Tu te ferais même pas mal, moman, y'a des gros
bancs de neige !

— C'est ça, dis-moi que je rebondirais !

— Ben oui, moman, tu rebondirais ! »

Au lieu de rire, elle s'enveloppa dans sa dignité et
me tourna le dos. Je décidai de changer de tactique.

« Écoute, ça fait juste dix minutes que chus parti, ça a pas pu brûler de même en dix minutes ! »

Comme il était de nouveau question de son grand malheur, elle revint immédiatement vers moi.

« J'te dis, j'me sus retournée pour couper la salade pis quand chus revenue, j'ai juste trouvé un tas de charbon...

— Exagère pas...

— Viens voir... R'garde si j'exagère... Pourquoi tu dis toujours que j'exagère ? Pourquoi tu viens me dire ça, là, tout d'un coup ? J'exagère pas, r'garde !

Ce n'était effectivement pas très joli à voir. C'était noir, ça avait fendu, éclaté, la chair était allée se coller au fond... Personnellement, j'aurais apporté la poêle au-dessus de la poubelle et...

« Trouves-tu encore que j'exagère, là ?

— Ben non, moman, excuse-moé... On va commencer par ouvrir les fenêtres pour laisser la senteur s'en aller un peu...

— T'as ben raison, j'aurais dû y penser... Eh ! que chus folle ! J'exagère pas, mais chus folle ! »

La température tomba de vingt degrés en trois minutes dans l'appartement mais l'odeur semblait vouloir se résorber un peu. J'étais revenu près du poêle.

« R'garde, moman, si tu grattes un peu sur le dessus, tu peux en sauver des bouts... En tout cas, assez pour popa... Y mangera pas de peau, mais y va y rester du blanc en masse...

— Pis nous autres, que c'est qu'on va manger ?

— De toute façon, j'pense que j'aime mieux manger des toasts...

— Va refermer les châssis, la tinque à eau chaude va exploser...

— L'as-tu fait partir ?

— Non, mais ça fait rien...

— La tinke à eau chaude, c'est pas le chauffage, moman...

— Arrête de me contredire pis fais c'que j'te dis !

— Ben oui, mais que c'est que tu veux que je fasse avec la tinke ? Que je l'allume ? Veux-tu prendre un bain ?

— Okay, laisse faire la tinke, pis occupe-toi des châssis ! »

La chicane avait monté un ton trop haut ; je craignais un vrai drame, de ceux, si laids, qui partent de rien pour finir en tragédie... Mais à mon retour dans la cuisine, maman, armée d'une spatule et assez calmement, était en train d'essayer de sauver quelques cadavres de poissons pas trop calcinés.

« As-tu fermé tous les châssis comme faut, là ?

— Oui, moman.

— As-tu acheté ben des oreilles d'éléphant, au moins, pour nous faire un peu oublier ça ?

— J'en ai acheté dix-huit...

— Dix-huit ! Es-tu fou ? On est quatre dans'maison ! On va en avoir pour deux semaines !

— Y'étaient pas chers...

— C'pas une raison pour acheter la pâtisserie au grand complet ! Les vendeuses ont dû penser qu'on veut se construire une maison avec ! Que c'est qu'on va faire avec dix-huit z'oreilles d'éléphant ! Ça nous fait quatre oreilles et demie chaque ! Es-tu fou ? Mais es-tu fou ?

— Laisse faire les oreilles d'éléphant...

— Comment ça, laisse faire les oreilles d'élé-phant ! Tu sauras, mon p'tit gars, que chus pas pour le gaspillage, moi...

— Pour une femme qui est pas pour le gaspillage, moman, tu prends pas ben soin de ton poisson !

— Parle-moi pas de même, toi ! J'te défends de me parler de même ! Si tu veux pas me respecter, va rester ailleurs ! »

Des pas dans l'escalier intérieur.

« Mon Dieu, ton père !

— Énerve-toi pas pour rien, là...

— Chus t'énervée, pis c'est pas pour rien ! »

Mon père nous surprit tous les deux devant le poêle, ma mère avec une spatule cachée derrière son dos, moi les bras croisés sur mon envie de rire.

« Eh ! que ça sent bon ! Que ça sent bon ! On va se régaler, comme disent les Français ! »

Ma mère osa me regarder, la dernière chose à faire, pourtant, en telle circonstance, et nous éclatâmes tous les deux de rire, elle s'appuyant sur le poêle, moi sur la table de la cuisine ; mon père resta quelque peu perplexe.

« Qu'est-ce qu'y'a de drôle ? J'ai-tu dit que-qu'chose de drôle ? Vous trouvez pas que ça sent bon, vous autres ? »

Puis, se penchant sur la poêle à frire :

« Pis c'est beau à part de t'ça ! »

* * *

Le souper fut plutôt bizarre. Jamais au grand jamais nous ne nous étions moqué de la surdité de mon père, mes deux frères et moi ; notre mère nous avait expliqué très tôt le drame que ça représentait pour lui, elle nous avait montré à bien articuler pour qu'il puisse lire sur nos lèvres, à parler fort pour bien nous faire comprendre les jours où il nous disait qu'il entendait un peu mieux. Nous avions appris à respecter cet homme qui cachait son drame sous une bonhomie parfois agacante, c'est vrai, mais dont ma mère disait qu'elle valait mieux qu'une révolte inutile ou les colères violentes.

Moi, je l'adorais.

Mes parents m'avaient eu très tard, mon père avait quarante et un an, ma mère quarante, pour remplacer deux enfants, un garçon et une fille, leurs aînés, morts la même année, je crois, au début de la guerre. J'avais donc été un enfant planifié et j'étais arrivé dans leur vie comme un cadeau du ciel, un trésor auquel ils tenaient plus que tout au monde. Mes deux frères ayant dix et onze ans de plus que moi, j'avais évolué dans une famille d'adultes et mes relations avec mes parents étaient plus près des rapports d'un petit-fils avec ses grands-parents que ceux, parfois tendus, souvent orageux, d'un enfant avec ses géniteurs. Ils m'avaient gâté, protégé, peut-être de peur de me perdre moi aussi, ma mère me pomponnant et me catinant comme si j'avais été une poupée, mon père me promenant fièrement à travers les rues de Montréal en me présentant comme son bâton de vieillesse. Il m'avait amené sur la rue Saint-Jacques voir les riches avocats en guêtres et gants beurre frais déambuler comme s'ils avaient fait partie d'une parade et qui représentaient pour lui la réussite ; il m'avait réveillé, une nuit, pour me montrer le cirque Barnum and Bailey monter la tente au stade de Lorimier ; il m'avait enseigné du haut de ses six pieds à ne pas avoir peur des orages (j'étais tellement haut, dans ses bras, et tellement bien que les éclairs et le tonnerre ne pouvaient rien contre moi !) ; il m'avait amené en taxi, aussi, voir flamber le journal *La Patrie*, rue Sainte-Catherine, où il travaillait depuis si longtemps. Il m'avait tenu près de son cœur en sanglotant comme si, pour une fois, c'est lui qui avait eu besoin de ma protection.

En plus, c'était un héros, parce qu'au dire de ma mère il était l'un des meilleurs pressiers du Canada ! C'était probablement vrai parce que je l'avais vu à plusieurs reprises partir avec son coffre à outils pour Toronto où, me disait-il, une presse s'était brisée qu'il était le seul au pays à pouvoir réparer ! Quelques jours plus tard, il revenait triomphant avec un journal de Toronto ou une sorte de bonbon que nous ne connaissions pas... Tout ça, cependant, c'était avant sa grande chute, avant l'incendie de *La Patrie*...

Mais ce soir-là, pour ne pas le décevoir ou peut-être tout simplement parce que la situation était vraiment absurde et se prêtait aux moqueries, nous profitâmes de sa surdité, je l'avoue, pour rire des maudits éperlans qu'il nous avait imposés. Mon frère Jacques avait ouvert le bal ; en s'installant devant sa portion de poisson, il avait dit très sérieusement :

« Quelqu'un est mort dans mon assiette ! »

Et c'était parti. Ma mère prenait un accent français pour nous annoncer des plats mirobolants tout en nous montrant la gibelote sans nom qui gisait dans nos assiettes ; mon frère et moi roulions des yeux ronds de satisfaction pour faire semblant que c'était délicieux (en fait, ce n'était pas si mauvais, ça goûtait le brûlé et j'adore ça) ; pour une fois ma mère nous laissa saper et trouva même ça drôle. Papa, pendant ce temps-là, savourait vraiment ce qu'il mangeait et faisait plaisir à voir. Mais il trouva vite qu'il n'y en avait pas beaucoup. « Comment ça, y'en a pus ! J'en ai eu juste une p'tite assiettée... »

Ma mère s'était alors penchée sur lui et nous avait donné notre coup de grâce en lui disant, en articulant bien :

« Les petits poissons des chenaux, c'est comme le veau, ça a pas de bon sens comme ça réduit ! »

* * *

Les palmiers aussi furent un triomphe, mais cette fois j'étais le seul à rire dans ma barbe devant les exclamations de plaisir des trois autres qui savouraient sans le savoir des pâtisseries trop vieilles pour être vendues. Mais il en resta une bonne dizaine que nous ne revîmes jamais, ce qui me confirma que ma mère était au courant de mon secret.

* * *

C'est donc convaincu de puer le poisson à plein nez que je pris le tramway pour me rendre au théâtre Orpheum où se donnait depuis quelques semaines la nouvelle pièce de Marcel Dubé, *Le Temps des lilas*, dans une mise en scène de Jean Gascon, avec quelques-uns des plus gros canons du théâtre montréalais de l'époque : Denise Pelletier, Denyse Saint-Pierre, Huguette Oligny, Jean Gascon, Jean-Louis Roux, Georges Groulx... C'était le retour au théâtre de Dubé après le triomphe

101

du *Simple soldat* à la télévision, je n'avais jamais vu de ses pièces sur une scène et j'étais énervé comme une puce. Allais-je retrouver ce sens universel de la tragédie qui m'avait tant frappé dans *Un simple soldat* ? Aurais-je envie, comme après ce téléthéâtre, de me lancer moi aussi sur une feuille, n'importe laquelle, pour décrire les démons qui m'habitaient ? Je me préparais à une grande soirée de théâtre, mais les éperlans avaient quelque peu refroidi mon enthousiasme.

Je m'étais installé dans le dernier banc au fond du tramway, là où il n'y avait personne, mais je guettais quand même si quelqu'un ne se tournait pas vers moi en plissant le nez... non. Je reniflais la manche de mon parka aux trente secondes ; je ne pouvais évidemment rien sentir, mais j'étais tellement sûr de dégager que je me renfrognais dans mon coin quand quelqu'un venait s'asseoir trop près de moi.

À cause de la tempête qui avait encombré les rails d'une bonne couche de neige, le tramway passa lentement devant la Pâtisserie du Parc encore ouverte et tout illuminée de l'intérieur. Les mêmes vendeuses s'activaient derrière le long comptoir, la plus vieille, la patronne, remontant d'un geste las la mèche de cheveux qui lui tombait toujours dans le visage ; l'autre, l'employée, l'esclave, courant d'un bord et de l'autre pour montrer qu'elle était occupée et éviter ainsi de se faire dire, accent français à l'appui, qu'elle était une feignante. Une toute petite scène de quelques secondes qui passe dans la vitre mouillée d'un tramway ; deux drames sans fin qui continuent à se tricoter dans le silence en ignorant qu'on les observe.

Quelqu'un allait-il acheter les derniers palmiers secs ? Un enfant intelligent qui garderait le reste des sous pour se procurer un sac de chips ou une mère de famille pauvre, trop heureuse d'épargner, même si peu ?

La Pâtisserie du Parc disparut, le tramway descendit la rue Papineau, plongea dans la noirceur du parc Lafontaine. J'avais un mauvais goût dans la bouche. Non seulement je puais mais les éperlans commençaient à me remonter dans la gorge. Je n'allais quand même pas être malade ! Sentir le vomi en plus du poisson !

Comme, selon mon habitude, j'étais très en avance, je décidai de faire un bout du chemin à pied.

C'était une soirée d'une remarquable douceur, comme souvent après une grosse tempête de neige. J'étais le premier à utiliser le trottoir et je laissais de longues traces bleutées derrière moi. La neige scintillait et je me mis à penser à l'époque où je croyais qu'on pouvait ramasser chacun des diamants qui brillaient pour en faire des colliers, et à la fois où j'avais essayé avec mes mitaines d'abord, puis avec mes mains ; la colère, la frustration, la crise...

Épuisé par cette marche plutôt difficile dans plusieurs pouces de neige fraîche, le cœur replacé et espérant que mes vêtements avaient eu le temps de se faire éventer, je décidai de reprendre le tramway à Sainte-Catherine.

Drôle de temps pour aller voir une pièce qui s'appelait *Le Temps des lilas...*

* * *

Le théâtre Orpheum était situé à côté de l'infâme cinéma System dont j'ai parlé ailleurs et qui me faisait si

103

peur tout en m'attirant parce qu'il s'y passait, disait-on, des choses que je n'avais pas encore le courage d'expérimenter. Quand je passais devant, je baissais la tête au cas où je croiserais quelqu'un que je connaissais ; je ne voulais pas qu'on pense que je fréquentais un endroit pareil. Mais je relevais vite le front en arrivant à l'Orpheum ; là, j'aurais voulu que tout le monde me voie !

Le hall du théâtre était plein à craquer. Je craignais qu'il ne reste plus de billets pour les étudiants. Il en restait et de très bons, à l'orchestre ; j'en fus soulagé et j'allai, comme toujours, me poster près de la porte de la salle pour être parmi les premiers spectateurs à entrer.

J'aimais flairer une salle, surtout celle-là, la Mecque du théâtre montréalais, me remplir littéralement les poumons de l'air que respiraient les acteurs, l'air qui avait connu les affres des répétitions (je pensais encore, probablement à cause de ce qu'on nous en montrait toujours au cinéma, qu'une pièce se répétait automatiquement dans la salle où elle serait jouée ; je ne connaîtrais les salles de répétition qu'en 1968 avec la création des *Belles-sœurs*), l'air qui avait connu l'excitation des générales, la folie et le triomphe de la première.

Je m'assoyais avant tout le monde, je regardais partout, à l'affût du moindre indice me suggérant que quelque chose de « théâtral » se produisait. (J'appelais ainsi le moindre bruit de pas sur la scène, derrière le rideau, le plus petit mouvement du rideau lui-même, les voix, parfois — un ordre donné trop fort, une actrice qui éclate de rire —, qui parvenaient de la coulisse, ou le tapage d'un accessoire qu'on venait d'échapper ; je tremblais d'émotion à la plus petite manifestation de vie qui ne s'élevait pas de la salle mais descendait du grand autel qui m'était encore caché mais où serait chantée quelques minutes plus tard la grand-messe de mes rêves.)

Quand j'avais l'impression de bien avoir humé la salle, d'en être imprégné, j'épluchais le programme de bout en bout. Je lisais tout : le mot de l'auteur, celui du metteur en scène, la page des crédits où j'essayais de reconnaître les noms des artisans d'une fois à l'autre parce que je me doutais bien que le théâtre ce n'est pas juste des acteurs qui font leurs cutes sur la scène mais aussi le décorateur, le dessinateur de costumes, celui qui fait les éclairages ; je dévorais les pages publicitaires aussi (souvent des objets de luxe qui semblaient provenir d'une autre planète) et la couverture (presque toujours l'œuvre de Robert Lapalme ou, plus tard, de Normand Hudon), dont je fixais à tout jamais le dessin et le lettrage dans ma tête. Aujourd'hui encore, je pourrais décrire de mémoire la couverture du programme des *Trois Farces,* du *Malade imaginaire,* de *L'Opéra de quat'sous,* de *Mère Courage* ou de ce *Temps des lilas* de la fin février 1958.

La faune qui se pressait autour de moi était celle du Théâtre du Nouveau Monde de l'époque : beaucoup de manteaux de fourrure et beaucoup de fronts plissés d'intellectuels. J'avais toujours l'impression, quand je me retrouvais dans cette foule (paranoïa ou simple constatation, je ne l'ai jamais su), que j'étais le seul qui ne sortais pas soit du collège Sainte-Marie, soit d'un bureau d'avocat ou de médecin. Ils parlaient un français différent du mien, ils portaient des habits ô combien éloignés des disparates déguisements que je me payais avec mes livraisons de Barbecue. Et ils ne parlaient pas fort. Chez nous, peut-être à cause de la surdité de mon père mais sûrement aussi parce que nous étions tout simplement très expansifs, ça criait tout le temps, dans l'harmonie comme dans le chaos ; ici, ce n'étaient que murmures qui se mêlaient langoureusement aux effluves de parfum cher. C'est du moins le souvenir que j'en ai. Peut-être à tort. Mais j'en doute parce que j'ai une maudite mémoire ! Et que j'en ai gardé non pas une jalousie, je ne crois pas que je les enviais, mais une impression d'être à part, de ne pas être digne (c'est une expression qui reviendra souvent dans ce que j'écrirai, plus tard, parce que je la ressentirai tout le reste de ma vie).

Et ce soir-là, non seulement avais-je la certitude d'être un inadapté à ce monde mais, il ne faut pas l'oublier, j'étais en plus convaincu de puer ! J'avais donc très hâte qu'on ouvre la salle !

J'étais appuyé contre les portes, je résistais à l'envie de trop regarder mon programme. Puis j'entendis quelque chose, à travers les deux battants de bois, un murmure de conversation qui provenait de la salle. J'ai un peu tourné la tête. Il y avait comme une lumière, très blanche, qui filtrait par l'interstice. Quelque chose de théâtral se passait-il déjà dans la salle ? J'approchai un œil, sans même penser à ce que pourrait dire la dame chic qui me poussait dans le dos depuis quelques minutes et qui signalait avec un accent emprunté qu'il était déjà huit heures vingt et que les portes auraient dû être ouvertes depuis longtemps...

Le rideau était ouvert ! Et je pouvais très bien apercevoir le décor ! Huit cents personnes se pressaient derrière moi mais j'étais le premier et le seul à voir le décor ! La cour arrière d'une grande maison blanche, avec un escalier de bois qui mène au balcon du deuxième ; un lilas à gauche avec une balançoire en dessous. Au milieu de tout ça, madame Huguette Oligny, déguisée en vieille, qui parle à un vieux monsieur. Au bout de quelques secondes, j'ai reconnu Jean Gascon lui-même. Ils discutaient au milieu de la scène, madame Oligny faisait de grands gestes, montrant tantôt la salle, tantot le décor. Puis elle envoya sa tête par en arrière et me parvint un magnifique rire, un rire d'actrice qui sait comment rire, mais sincère. Elle plaça ensuite son bras sur l'épaule de Jean Gascon et ils esquissèrent quelques pas de valse.

J'ai compris qu'ils répétaient une scène dont l'un des deux n'était pas tout à fait satisfait, probablement elle ; j'avais sous les yeux deux grands acteurs qui répétaient juste pour moi ce qui ressemblait beaucoup à une scène d'amour.

J'aurais voulu repartir tout de suite, reprendre mes deux tramways, aller me réfugier dans mon sofa pliant pour délirer toute la nuit sur la main de madame Oligny qui se posait sur l'épaule de Jean Gascon, sur Jean Gason disant une réplique qui faisait rire sa partenaire, sur les quelques pas de danse, si beaux, de deux vieux dans la cour arrière d'une maison de bois blanc embaumée par l'odeur du lilas. Je n'étais plus au Théâtre du Nouveau Monde, je ne sentais plus l'éperlan calciné, j'étais un œil qui avait le privilège d'assister à une chose, grande et belle, qu'il était le seul à voir.

La vision disparut d'un coup ; les lumières s'éteignirent, le rideau se referma. L'éclairage de la salle revint. La voix de madame Oligny, masquée maintenant, qui semblait remercier son partenaire. Puis un placeur qui vient pousser sur les portes, m'écraser le nez.

* * *

Du spectacle lui-même il me reste le souvenir de Denise Pelletier, lumineuse et géniale dans le rôle de Marguerite, montant l'escalier blanc pour aller se suicider ; la douleur de Georges Groulx ; les scènes d'amour, si belles, entre les deux vieux et celles dont l'adolescent romantique que j'étais avait tant besoin, entre Jean-Louis Roux et Denyse Saint-Pierre, les deux jeunes premiers. Et ce décor que je n'oublierai jamais, cette maison de deux étages posée au milieu d'une scène où je n'avais vu jusque-là que des intérieurs chic, des palais vénitiens ou des extérieurs d'une Italie comique et colorée revue et corrigée par Molière.

Et l'impression d'avoir enfin le droit d'appartenir, malgré mes origines, malgré mon odeur, à quelque chose de grand.

UN SIMPLE SOLDAT

J'ai souvent parlé de la surdité de mon père mais il y a une conversation qui eut lieu entre nous après la création de *Un simple soldat* de Marcel Dubé, à la télévision de Radio-Canada, que je n'ai pas encore osé aborder. Probablement par pudeur. Ou, plus simplement, parce que je n'étais pas prêt.

À mesure qu'il vieillissait, papa entendait moins, devenait irascible, impatient ; il nous faisait des reproches parce que nous ne le regardions pas de face en lui parlant ou que nous n'articulions pas assez ; il faisait des colères devant la télévison, la radio, mon tournedisque ; il acceptait mal que ma mère chante parce qu'il avait adoré l'écouter. Lui-même ne chantait plus du tout. Mon enfance avait été bercée par sa version de *Sous les ponts de Paris* ou du *Petit vin blanc* ; mon adolescence était hantée par son silence.

Il s'était réfugié devant la télévision, avait poussé le son au bout pour essayer d'entendre un peu ce qui s'y disait et se perdait complètement dans les parties de hockey ou de baseball. L'été, tard le soir, quand je revenais de la rue Fabre où j'avais gardé tous mes anciens amis, il m'arrivait d'entendre le son de notre énorme appareil de télévision Admiral d'aussi loin que le carrefour Papineau et Mont-Royal, et j'avoue que j'avais un peu honte.

Arrivé au coin de Cartier, je voyais mon père par la fenêtre de la salle à manger, la face rouge d'exaspération, la main sur son front trempé de sueur. Les passants levaient la tête en se demandant qui était l'olibrius qui dérangeait ainsi tout le monde ; quelques-uns s'arrêtaient sous la fenêtre, criaient de baisser le son, trop stupides pour penser que s'il l'avait mis à cette force, c'était justement parce qu'il entendait mal ou qu'il n'entendait pas du tout.

Un de ses amis, à la taverne, lui avait donné ou vendu, je ne sais plus trop, une espèce d'appareil auditif qu'il pouvait brancher sur la télé et qui était censé l'aider à entendre, mais ça n'avait jamais fonctionné — ça nous coupait le son, à nous, tout ce que nous entendions était déformé, lointain, incompréhensible —, et sa fureur, mêlée de gêne, s'en était vue décuplée.

Mais il refusait catégoriquement de moins regarder la télévision et nous étions obligés, surtout ma mère et moi, de passer de grandes soirées à endurer le son tonitruant du petit haut-parleur cheap du poste Admiral poussé à son maximum. Ma mère grinçait des dents et poussait des soupirs sans fin, moi je finissais par m'en aller lire dans ma chambre ou faire mes devoirs, exaspéré par le bruit et frustré de ne pas pouvoir regarder en paix mes émissions favorites.

À deux ou trois reprises je les ai entendus se chicaner : maman disait qu'elle n'en pouvait plus, que ses nerfs allaient craquer, papa lui répondait la même chose. Il finissait par lui dire qu'il ne regarderait plus la télévision parce qu'il savait à quel point ça dérangeait tout le monde dans la maison et même dans le voisinage, qu'il se contenterait de lire son journal ou les romans que je lui prêtais ; elle refusait, s'excusait, lui demandait pardon. Il lui répondait alors une chose que je trouvais magnifique : « Demande-moé jamais pardon, Nana. Jamais ! Pour rien ! » C'était sa façon à lui de s'excuser.

* * *

Le mardi 10 décembre 1957 fut un très grand soir pour la télévision québécoise ; un des chefs-d'œuvre de notre littérature, *Un simple soldat* de Marcel Dubé, fut créé dans une fabuleuse réalisation de Jean-Paul Fugère et une interprétation, en particulier de Gilles Pelletier, d'Ovila Légaré et de Juliette Huot, qui restera dans les annales de notre théâtre. Cette fois-là, nous étions tous réunis devant l'appareil, mon père y compris, et malgré le son épouvantable, les voix déformées des comédiens, la musique rendue étourdissante, nous fûmes émus, bouleversés, transportés. Ma mère finit la soirée sous un amoncellement de mouchoirs mouillés ; mon frère Jacques ravalait son émotion ; moi, j'étais muet d'admiration et de jalousie parce que c'est ça que je voulais faire dans la vie, décrire les autres, tout ce qui m'entourait, en faire du théâtre ou des romans, je ne savais pas encore très bien ; mais mon père, étrangement, restait silencieux. D'habitude il ne se gênait pas pour passer ses commentaires sur la réalisation des émissions, l'interprétation des acteurs, le texte qu'il trouvait souvent mièvre, surtout quand c'était une création, parce qu'il disait que nos écrivains étaient des nénesses qui ne savaient pas écrire, mais cette fois il restait coi dans sa chaise droite, visiblement ému mais muet. Ma mère sanglotait encore son admiration pour Marcel Dubé une demi-heure après la fin de la pièce ; mon frère nous rappelait pour la millième fois qu'il avait assisté, au collège Sainte-Marie où il avait poursuivi ses études classiques, à la création de la première œuvre de cet auteur, *De l'autre côté du mur*, et qu'il le connaissait un peu pour l'avoir croisé dans les corridors et lui avoir été présenté une fois ; mon père, lui, restait tête basse, les coudes sur la table de la salle à manger.

Nous parlions de la confrontation qui n'avait jamais vraiment lieu entre le père et le fils à cause de leur incapacité à communiquer, des relations pour le moins orageuses de Joseph, le héros de la pièce, avec sa belle-mère, la grosse Bertha, des scènes du menaçant Ti-Mine si bien joué par Yves Létourneau... papa ne bougeait pas. Au beau milieu de la discussion, maman se pencha même pour lui demander : « Es-tu correct, Armand ? » deux fois parce qu'il ne la regardait pas la première fois. Il fit signe que oui, haussa un peu les épaules, repencha la tête, tripota sa cigarette Turret avec ses doigts jaunis.

Ma mère se coucha inquiète, je le savais parce qu'elle ne nous dit pas bonsoir-bonne nuit comme elle le faisait tous les soirs depuis toujours. Mon frère partit se coucher lui aussi et je restai seul avec mon père qui n'avait toujours pas bougé de sa place.

D'habitude, c'était un jeu entre nous, quand ma mère quittait sa chaise berçante, nous faisions semblant de nous battre pour l'avoir, lui et moi. Quand j'étais plus jeune, vers onze ou douze ans, ça avait donné lieu à des tiraillages restés célèbres dans la maison, des courses folles à faire trembler les murs, qui commençaient autour de la chaise mais s'étendaient rapidement à la grandeur de l'appartement, des cris, de joie et de peur mêlées chez moi, et d'autres, qui se voulaient menaçants et qui ne l'étaient que dans notre imagination, de la part de mon père transformé en monstre ou en géant Beaupré. La chaise de ma mère était le but à atteindre, le trône à conquérir et l'appartememnt le champ de bataille où à peu près tout était permis : je m'étais déjà caché dans la salle de bains en prétendant que c'était un important port qu'il fallait défendre jusqu'au bout — jusqu'au moment, en fait, où ma mère finit par nous crier que la reine avait envie de pisser et que les bécosses royales étaient réquisitionnées — ; mon père m'avait un jour lancé dans un vol plané au-dessus de leur lit conjugal et j'étais allé atterrir sur la vanité de ma mère — autre crise, autre drame — ; j'étais déjà resté caché pendant près d'une heure sur la tablette du haut d'une garde-robe et mon père ne m'avait pas trouvé ! Nous avions roulé par terre, couru, ri, sacré — « Michel, si tu prononces encore c'te mot-là une seule fois, tu vas te retrouver sans cordes vocales, c'est ta mère qui te le dit ! » —, nous étions souvent revenus pantelants vers le trône, la partie étant nulle, et avions recommencé à nous engueuler, chacun voulant cette fois céder la chaise à l'autre comme quand Laurel et Hardy voulaient franchir une porte en se faisant des politesses.

Mais ce soir-là, rien de tout ça ne s'était produit — j'étais trop vieux pour les cris et les courses mais nous nous disputions encore souvent pour nous rappeler le bon vieux temps — ; je trouvai même que mon père avait décliné ces derniers temps, qu'il ressemblait pour la première fois au vieillard qu'il risquait de devenir dans les années qui venaient. Je ne bougeai donc pas de ma place pour bien lui montrer que je comprenais que quelque chose de crucial se passait et que la chaise de maman n'avait aucune importance. Nous sommes restés silencieux un très long moment. Je ne savais pas si papa voulait parler, je ne peux pas dire que je sentais chez lui un besoin de se confier, ce serait faux, mais moi j'avais envie de savoir ce qui avait changé en lui ce soir-là et j'essayai tant bien que mal d'engager la conversation. Nous étions assis de chaque côté de la table de la salle à manger ; je frappai du bout des doigts sur l'arborite pour attirer son attention. Il leva la tête.

« Y'a-tu quequ'chose qui va pas ? »

Un vague signe que non, un autre haussement d'épaules.

« C'est-tu la pièce ?

— Quoi, j't'entends pas ! »

J'avais probablement mal articulé. J'empruntai alors cette façon que nous avions développée pour lui parler et que ma mère appelait « chuchoter fort » qui consistait à faire semblant de parler à haute voix en articulant bien chaque mot. C'était difficile et frustrant parce que deux tons contradictoires étaient utilisés en même temps : celui de la conversation ordinaire qui était, dans ma famille, assez brusque, et celui de la confidence.

« C'est-tu la pièce qui t'a mis dans c't'état-là ?

— Quel état ?

— T'as l'air bouleversé.

— Chus pas bouleversé, chus t'en calvaire !

— Pourquoi ? T'as pas aimé ça ? On a adoré ça, nous autres, pourtant ! »

Il me dit alors une chose qui faillit me jeter en bas de ma chaise :

« Je le sais pas si j'ai aimé ça, crisse, parce que j'ai rien entendu !

— Le son était pas assez fort ?

116

— Le son est jamais assez fort! Le son est pus jamais assez fort!»

J'étais à la fois troublé et choqué. Je découvrais avec horreur que mon père, malgré son maudit appareil, n'entendait probablement plus rien ou à peu près sans avoir osé nous le dire, mais je pensais aussi, égoïstement, à l'inutilité de toujours garder le son de la télévision au bout comme il le faisait depuis si longtemps.

«T'entends pus jamais le son de la télévision?

— Non.

— Pourquoi tu nous demandes encore de le monter au boute, d'abord?»

C'était cruel, malhabile, je m'en aperçus en le disant. Mais il était trop tard, il avait bien lu sur mes lèvres et repencha la tête sur la table. J'ai cru que la conversation s'arrêterait là; j'avais fait une gaffe, j'avais manqué de délicatesse, il ne m'expliquerait plus rien. Mais il parla, sans me regarder — ce qui était rare — ; c'est lui cette fois qui s'exprimait trop bas mais je ne l'interrompis pas et l'écoutai, bouleversé, la tête penchée à la hauteur de la sienne. Son front touchait presque l'arborite froid de la table, moi c'était ma joue.

«Au cas. Au cas où j'en entendrais des bouts. On sait jamais. Avant, quand y montraient pas le personnage qui parle, je finissais par comprendre pareil, j'entendais des petits bouts pis je devinais le reste... Mais là... Tout ce que je peux faire c'est lire sur les lèvres des acteurs à condition qu'on les voye parfaitement de face. Quand y sont de profil ou ben donc quand on les voit pas pantoute... J'ai pas compris grand-chose à la pièce de théâtre, à soir, Michel. C'est la première fois. C'est la première fois que je réussis même pas à suivre l'histoire.

Comment ça se fait que c'était un soldat, lui, y'a pas de guerre ! Pis ça se passait pas dans les années quarante, y disaient dans les journaux que ça se passait aujourd'hui... De quelle guerre y'arrivait ? Pis pourquoi sa mère l'aimait pas ? Pis pourquoi y'avait des problèmes avec son père ? Pis Béatrice Picard, là, c'tait-tu sa sœur ? Pourquoi y vargeait comme ça dans la porte de la chambre de ses parents ? »

Il leva la tête brusquement. Comme un enfant qui sursaute devant une injustice particulièrement cuisante.

« J'pourrai pus jamais regarder la télévision. Vous pourrez baisser le son complètement, si vous voulez, demain. »

Cette fois, il était parfaitement sincère, je le sus tout de suite. Il allait se lever, je sentis que la confidence était terminée, qu'il ne voulait plus parler, qu'il risquait de ne plus jamais pouvoir parler. Je le retins par la manche de chemise.

« Pourquoi tu nous l'as pas dit avant ? Pourquoi tu l'as pas dit au moins à moman ? »

Il hésita quelques secondes, prit le parti de ne pas se lever tout de suite.

« J'espérais... que ça reviendrait... un peu, au moins. Pis ta mère... »

Il esquissa alors un petit sourire, tout petit, mais tellement beau que j'avais envie de me lever, de faire le tour de la table et d'aller l'embrasser.

« Ta mère, ça fait longtemps qu'a' le sait. Ça fait longtemps que j'y ai dit. »

Tout ce temps-là elle avait joué le jeu ! Elle avait tout enduré sans rien révéler à personne, elle avait même feint des chicanes !

Je ne voulais pas qu'il s'en aille, je voulais garder ce moment privilégié, l'allonger, l'empêcher de finir. Il allait partir, s'étendre à côté de sa Nana qu'il aimait tant, dormir après avoir grillé une dernière cigarette, et ce moment que je vivais avec une telle intensité ne reviendrait plus jamais. Je me raclai la gorge pour essayer d'en chasser l'émotion.

« Veux-tu que j't'la conte ?

— Quoi ?

— La pièce... Veux-tu que j't'la conte ?

— Ça serait trop long. Pis tu vas à l'école, demain.

— Ben non, ça sera pas long. J'vas résumer. Chus bon, là-dedans.

— Okay, T'es ben smatte. Ça avait l'air tellement bon.

— C'tait plus que bon, popa, écoute ben ça... »

Il avait gardé son visage tout près du mien. Pendant une demi-heure je lui avais raconté en détail l'histoire de la famille Latour, Joseph, Édouard, Armand, Fleurette, Marguerite, et Bertha la belle-mère tant detestée, les frustrations, les haines accumulées, les vies perdues. Il avait regardé ma bouche en hochant la tête ; parfois il posait une question, courte mais très pertinente, en me regardant droit dans les yeux comme pour me dire j'comprends tout, tu vois, j'comprends tout, j'entends pas mais j'comprends tout... Je le voyais haïr Tit-Mine, juger Bertha et Marguerite, se concentrer avec un curieux froncement des sourcils sur les diatribes de Joseph Latour et sur les reproches virulents que lui faisait son père ; pour la première fois de ma vie, je lisais directement sur un visage les réactions que provoquait un récit que je faisais et j'étais fasciné. Il m'arrivait souvent de raconter des histoires, des romans que j'avais lus, des films que j'avais vus, à mes amis de la rue Fabre, mais je n'avais jusque-là jamais été aussi près d'un visage qui m'écoutait avec une telle attention. Je prenais de plus en plus de plaisir à le faire au fur et à mesure que je développais l'histoire ; je m'animais, je m'emportais, même, pendant certaines scènes importantes — je m'étais levé pour mimer celle où Joseph va varger dans la porte de la chambre de son père parce que ce dernier est couché à côté de celle qu'il considère comme une étrangère — ; je faisais rire mon père, je lui tirais presque les larmes et j'en ressentais une très violente joie.

À la fin de mon réçit, il me remercia, se leva et me dit une seule chose :

« Je l'aime pas, c'te Joseph-là... »

J'étais très surpris, c'était un personnage qui m'avait passionné. J'avais goûté sa véhémence, sa révolte à fleur de peau, sa façon d'exprimer les démons qui le hantaient.

« Pourquoi tu l'aimes pas ? C't'une victime, lui aussi, y fait aussi pitié que les autres !

— Je l'aime pas parce que c'est une maudite tête brûlée ! D'après c'que tu me dis pis c'que j'ai vu, y'écoute jamais personne, y s'occupe juste de lui, y voit pas les malheurs qu'y'a autour de lui, juste les siens... Y fait pas pitié pantoute, voyons donc ! C'tait à lui de pas partir pour la guerre de Corée, de pas abandonner tout le monde, de rester chez eux pis d'aider un peu son père ! Moé, là, les parcoureux de monde qui se sauvent toute leur vie au lieu de faire face à leurs problèmes, là...

— Tu prends pour le père, hein ?

— J'prends pas nécessairement pour le père mais j'te dis que si j'avais un garçon comme lui, j'le mettrais à ma main ça serait pas long ! »

Je ne pus réprimer un petit sourire qui ne lui échappa pas.

« T'as ben raison de sourire comme ça. J'ai jamais réussi à vous mettre à ma main, vous autres, pis vous avez pas été difficiles à élever, imagine-toé si j'avais été pogné avec Joseph Latour ! »

Puis il me donna une tape amicale sur l'épaule.

« T'avais raison, Michel, c'tait plus que bon, c'tait extraordinaire ! Extraordinaire ! Ton Marcel Dubé, là, c'est vrai que c'est pas un nénesse ; y va aller loin !

— Tu voulais jamais regarder ses pièces, popa...

— Ben oui, mais là j'vas les regarder... Pis à partir d'à c't'heure, c'est toé qui vas me conter c'que j'aurai pas entendu à la télévision pis j'vous dérangerai pus avec le son trop fort, j'te le promets. »

Il partit rejoindre ma mère dans leur chambre d'où, j'en étais convaincu, elle avait écouté notre conversation au grand complet.

J'étais touché mais inquiet. J'étais très heureux de sa confiance mais, je l'avoue, je me voyais mal passer mes fins de soirée à tout raconter ce qui s'était passé à la télévision... Mais j'eus vite honte d'une pensée aussi egoïste et je me dirigeai vers la pièce double que je partageais avec mon frère Jacques depuis le mariage de Bernard.

Ma mère m'appela comme je passais devant la chambre de mes parents.

Je m'appuyai contre le montant de la porte, bras et jambes croisés. J'avais bien deviné, elle allait me parler de ce qui venait de se produire entre mon père et moi.

« Tu dors pas, hein ? T'as tout écouté c'que j'disais ? »

Elle couchait de l'autre côté du lit, du côté de la fenêtre ; j'apercevais vaguement la masse de son corps sous les couvertures, dans l'obscurité.

« T'es bon pour conter des histoires...

— Je le sais, j'fais ça avec mes amis depuis toujours...

— C'est fin d'avoir fait ça.

— Je le sais, chus toujours fin. »

Je ne sais pas si elle avait vu mon sourire mais elle éclata d'un bon rire qui fit s'agiter le lit.

« Ça c'est pas vrai, par exemple ! »

Mon père sortait de la salle de bains en rattachant le lacet de coton qui tenait la culotte de son pyjama.

« Que c'est que vous êtes encore après manigancer, là, vous deux... »

Je m'effaçai pour le laisser passer ; il s'assit sur le lit, s'alluma une cigarette. Ma mère lui donna une tape dans le dos comme elle le faisait toujours quand il fumait au lit la nuit. (Il fumait deux gros paquet de Turret par jour dont un bon demi-paquet la nuit quand il faisait de l'insomnie, et ça terrorisait ma mère, pour sa santé à lui mais aussi à cause du feu.)

« Ben oui, ben oui, je le sais, j'vas finir par mettre le feu, au lit, on va mourir étouffés, la maison va brûler, nos deux garçons pourront pas nous sauver, y vont mourir eux autres aussi pis demain matin les pompiers vont trouver quatre cadavres calcinés, deux gros dans la chambre à coucher pis deux plus maigres dans le passage... »

Il leva la tête, me fit un magnifique clin d'œil en tirant sur sa cigarette... C'est ainsi qu'un des moments les plus touchants de ma vie se termina dans un énorme rire.

MA CARRIÈRE D'ACTEUR

Le frère François trouvait que j'avais une tête d'acteur. C'est du moins ce qu'il me disait souvent mais je n'étais jamais sûr qu'il était vraiment sincère à cause de ce petit sourire narquois qui se dessinait sur ses lèvres chaque fois qu'il me parlait de la « grande carrière » qui m'attendait si seulement je me donnais la peine de travailler. Travailler ? Je ne comprenais pas ce qu'il voulait dire parce que pour moi être acteur n'avait rien à voir avec le travail ! Être acteur, c'était attirer l'attention sur soi en faisant des grimaces en classe, prendre des poses comiques ou imiter le beau Pierre Valcour dans *La Famille Plouffe* pendant les récréations, mais ce n'était surtout pas du travail ! Quant aux vrais acteurs, ceux que j'admirais et dont je suivais la carrière d'une façon fanatique (Deborah Kerr au cinéma, Marjolaine Hébert, Monique Miller, Robert Gadouas et Françoise Gratton à la télévision), jamais je n'aurais osé rêver de leur ressembler un jour ; leur art ne m'était pas accessible et je le savais très bien.

Un bon jour, le frère François nous donna l'ordre, à moi et à un autre élève de septième année qui s'appelait Pierre Hayes et avec qui je m'entendais assez bien, de rester après la classe. Il avait neigé toute la journée, nous crûmes donc que c'était pour nous demander de pelleter le parterre de la résidence des frères (la vie de chouchou n'est pas toujours rose), mais il se contenta, avec des gestes de conspirateur, de nous passer à chacun deux petits feuillets qui sentaient encore l'alcool de la machine Gestetner.

« C'est la fête de monsieur le curé dans deux semaines pis on a décidé de faire un petit spectacle. Y va y avoir de la musique, des récitations pis un peu de théâtre... On vous a choisis tous les deux pour jouer c'te petite scène-là, vous, Tremblay, parce que vous aimez ça faire le fou, pis vous, Hayes, parce que... parce que vous le suivez dans ses niaiseries. Ça s'ra pas long à apprendre pis vous allez être drôles ! »

Horreur !

Je n'avais pas du tout envie de monter sur la scène de notre salle de récréation pour me rendre ridicule ! J'aimais bien faire le pitre dans la classe, lire à haute voix des fables de La Fontaine ou *Le Pélican* deMusset en mimant l'oiseau qui se déchire la poitrine pour nourrir ses enfants (le frère François disait : « C'est ben parce c'est vous que j'vous laisse rire de même de Victor Hugo ! »), mais de là à me présenter devant les huit cents élèves de l'école Saint-Pierre-Claver avec un texte et des déplacements appris par cœur, dans un personnage qui n'était pas de moi et sur lequel je n'aurais aucun contrôle, il y avait une marge que je n'avais absolument pas l'intention de franchir !

Devant notre évidente surprise et notre éloquent silence, le frère François prit le parti d'essayer de nous gagner à son projet.

« C'est un extrait d'une pièce d'Eugène Labiche, c'est un auteur ben, ben, ben drôle... »

Pierre Hayes et moi on se regarde, visiblement déprimés.

« Avec un nom pareil, y doit ressembler à Bambi ! »

126

Le frère François ne rit pas du tout, lui qui s'émerveille si facilement devant mes reparties, même les plus insignifiantes.

« C'est pas le temps de faire le comique, Tremblay ! chus très sérieux. Donnez-vous au moins la peine de la lire ! »

Je prends les deux feuillets, les tends au professeur. « Si on la lit, ça va vouloir dire qu'on accepte. On accepte pas, on lit pas. »

Le frère m'arrache le texte, le repose brusquement devant moi sur mon pupitre. Je sursaute ; le frère François se fâche rarement.

« J'vous demande pas votre avis ! J'vous dis que vous allez jouer ça pour la fête du curé pis vous allez le jouer ! »

Angoisse !

Mon cœur se serre dans ma poitrine, devient tout petit, disparaît. Je n'ai plus de cœur, juste une boule de terreur qui me monte jusque dans la gorge.

« Le curé est déjà au courant, y a déjà vos noms, vous pouvez pus reculer. »

Ce n'était probablement pas vrai mais ce fut efficace : il n'était pas question, en effet, que deux petits morveux de septième année déçoivent le curé de la paroisse le jour de sa fête ! Nous avions été choisis, dénoncés, il fallait payer ! Je suppose que le frère François avait cru nous faire un cadeau alors que sans le savoir il nous avait donné une punition pire que des tonnes de devoirs ou de retenues, pire qu'une visite chez le directeur, pire qu'un renvoi pur et simple : la certitude de faire rire de nous par toute l'école deux semaines plus tard ! En présence du curé ! Dont ce serait l'anniversaire !

Il passa la demi-heure suivante à nous lire le texte, à nous expliquer ce que nous allions en faire. Quant à moi, j'étais tellement énervé que je ne comprenais même pas ce que je lisais ! C'était censé être drôle ? Où ça ? Il n'y avait rien de drôle là-dedans ! Rien !

* * *

Je devais jouer le rôle d'un jardinier (enfant de la ville, je n'avais jamais vu un jardin de ma vie !) avec un accent breton ou normand, qui voulait empêcher un visiteur de Paris d'entrer chez son maître (je laisse aux exégètes de Labiche le soin de retrouver cette scène). En plus, ce jardinier était soûl et vidait une bouteille de vin devant l'étranger pendant qu'il lui parlait... Personnage, donc, tout à fait facile à rendre pour un petit Québécois qui n'était jamais allé plus loin que l'île Perrot, chez sa tante Marguerite !

La première répétition (nous appelions ça des pratiques) fut un cauchemar sans nom. Je m'étais réfugié au fond de la scène, près des portes centrales qui menaient dans le hall, le nez quasiment collé au mur, agrippé à mes deux feuillets qui tremblaient dans mes mains.

« J'vous entends pas, Tremblay ! Tournez pas le dos de même, le monde comprendront rien dans' salle ! »

J'avais déjà la nausée, le trac, j'avais envie de pipi et je voulais aller me cacher sous les jupes de ma mère.

« Plus fort, j'entends rien ! »

J'essayais de parler plus fort mais rien ne sortait de ma bouche ; j'avais une barre de savon à la place de la langue, mes cordes vocales étaient paralysées.

« Vous aimez ça, faire le fou dans' classe, ben c'est le temps de le faire devant toute l'école, là... Allez-y, lâchez votre fou, j'sais que vous êtes capable ! »

Je fus lamentable. Même Pierre Hayes, pourtant drôle comme un barreau de chaise, était plus amusant que moi !

Lorsque par hasard ou par un effort de volonté surhumain je réussissais à faire face à la salle, un vertige abominable me prenait au ventre et j'avais l'impression que j'allais tomber par en avant et m'écraser sur le frère qui se tenait debout au pied des trois marches de l'escalier qui descendait vers la salle de récréation.

La répétition finie (nous n'avions pas réussi à placer le texte au complet tellement j'étais poche), je restai le nez collé contre les portes doubles, attendant la permission du frère François pour aller pleurer dans les toilettes.

Le professeur monta sur la scène, fit signe à Pierre Hayes de s'éloigner, s'approcha de moi.

« J'savais que vous étiez un bon acteur, mais pas à ce point-là ! »

Il ne m'avait quand même pas trouvé bon !

Je me tournai vers lui, étonné.

« J'sais pas pourquoi vous vous êtes mis dans la tête de pas jouer c'te scène-là, mais tout c'que j'peux vous dire, c'est que vous allez la jouer ! Je le sais très bien que vous faites semblant d'être gêné, Tremblay, mais ça pogne pas avec moi ! Si vous êtes pas gêné en classe, y' a pas de raison que vous le soyez sur la scène ! Vous pouvez gaspiller toutes nos pratiques comme vous l'avez faite aujourd'hui, mais laissez-moi vous dire que dans deux semaines, le jour de la fête du curé, vous allez être debout sur c'te scène-là, pis vous allez jouer ! Y a toujours ben des limites à rire du monde !» J'eus beau lui jurer sur ce que j'avais de plus cher — les quelques disques que j'avais commencé à me payer avec l'argent gagné au Ty-Coq Barbecue : des extraits du *Lac des cygnes*, le concerto pour violon de Bruch, *La Vie parisienne* d'Offenbach — que j'étais vraiment incapable de monter sur une scène, que je n'avais pas de talent, que je n'avais pas envie d'en avoir, qu'il me condamnait à mourir de honte dans deux semaines devant plus de huit cents personnes, il ne me crut pas et me donna rendez-vous pour le lendemain après-midi à la même heure, sans faute, sinon...

Et moi qui avais cru depuis le début de l'année que c'était un être sensé, sensible, compréhensif !

La semaine se passa de la même façon avec, en plus, la perpétuelle hantise (ça me suivait partout, le jour, la nuit, je faisais des cauchemars éveillé autant qu'endormi) que je n'y échapperais pas : je serais à telle date, à telle heure, sur la scène à essayer d'imiter l'accent breton ou normand et je mourrais de honte !

* * *

«Arrête de faire la grimace comme ça, tu sais que quand tu t'étires la bouche, tes bobos saignent ! Si t'arrêtes pas, ça guérira jamais !»

Ma mère posait une pommade grasse et malodorante sur mes lèvres. En une semaine ma bouche avait gercé à un point tel que j'en étais presque méconnaissable, et plutôt que d'attendre patiemment que ça guérisse, je passais mes journées à faire craquer mes gerçures qui laissaient dans ma bouche un vague goût de sang chaud et ne guérissaient pas.

Je crois que le frère François avait fini par se rendre à l'évidence : je n'étais pas un acteur et ne le serais jamais ; mais il était pris à son propre piège et ne pouvait plus reculer : les numéros composant le spectacle de la fête du curé avaient été annoncés, affichés, et il n'était absolument pas question que nous nous nous désistions. Sa réputation devait être en jeu, c'est pourquoi il s'entêtait, mais si, comme j'en étais convaincu, je me cassais la gueule, il la perdrait de toute façon !

Espérait-il un miracle ? Comme dans les films de Judy Garland et Mickey Rooney ?

J'avais caché à maman pourquoi j'étais à ce point nerveux de peur qu'elle n'aille tuer le frère François (elle en était, hélas, très capable) et je vivais ma grande terreur tout seul comme un grand, la mort dans l'âme, le cœur perpétuellement prisonnier d'un étau qui ne cessait pas de se resserrer au fur et à mesure que la date du spectacle approchait.

« J'comprends pas. Ton dernier bulletin était beau, pourtant, ça va bien à l'école... »

Elle me tint le menton pendant quelques courtes secondes en me regardant droit dans les yeux. Je voyais le bout de son index recouvert de pommade et ses deux yeux bruns qui me scrutaient. Mais j'avais plutôt tendance à focusser sur son index...

« Y a-tu quequ'chose que tu me dis pas ? »

Il y avait des milliers de choses que je ne lui disais pas, si seulement elle avait su...

« Ben non...

— Tu baisses les yeux, là...

— C'que tu m'as mis sur la bouche me brûle...

— Ça t'empêche pas de me regarder, ça... »

Je relevai les yeux. C'était difficile, j'avais l'impression qu'elle lisait mon âme au grand complet, jusqu'au bout des talons.

« Môman, y a rien de spécial, chus nerveux, c'est toute... »

Elle s'essuya le doigt sur le bord du pot pour économiser le peu de pommade dont elle ne s'était pas servie.

« J'pense que t'as besoin d'une bonne conversation avec ton père, toé... T'approches l'âge... »

Il ne manquait plus que ça ! Par deux fois mon père avait essayé de me parler de la sexualité mais j'avais réussi à me dérober de peur qu'il ne devine les démons qui m'habitaient déjà.

« En attendant, va te coucher, pis essaye de dormir sans t'étirer la bouche ! »

Le spectacle étant le lendemain après-midi, est-il besoin d'ajouter que je dormis mal ?

* * *

Mes souvenirs de cet après-midi-là sont fragmentaires et pleins de soubresauts, comme s'il ne me restait d'eux que les pires moments, pas même chronologiques, alors que j'aurais préféré tout oublier sur-le-champ.

Je vais essayer de mettre un peu d'ordre dans tout ça pour raconter, en gros, ce qui s'est passé.

Pour ne pas avoir à subir un autre vendredi après-midi trop long, les élèves de l'école primaire Saint-Pierre-Claver étaient prêts à tout endurer, même une séance plate où le petit garçon de madame Gladu viendrait chanter *Rossignol de mes amours* en nous mimant toute l'histoire ; où le champion de l'école en élocution (il était cependant arrivé trente-septième dans le concours provincial) réciterait pour la septième fois cette année-là *Le Lièvre et la tortue,* ce qui ferait encore une fois mourir de rire le frère directeur (comme si on ne connaissait pas le punch quand on l'avait entendu une fois !) ; et où les inévitables joueurs de violon, de trompette, d'accordéon et autres assassins de la musique qui n'avaient jamais aucun sens du rythme massacreraient allègrement tout ce qui leur tomberait sous la main, même l'air le plus niaiseux et le plus facile à jouer (qui a entendu un de ces prodiges livrer son immortelle interprétation d'*Au clair de la lune* au violon sait ce que je veux dire).

L'école au complet, même les petits de quatrième, tellement tannants, tellement bébés, était réunie dans la salle de récréation, les huit cents chaises pliantes faisaient déjà un vacarme assourdissant, quelques avions de papier avaient commencé à sillonner l'air qui sentait le p'tit gars négligé et le jeune homme trop parfumé.

Nous, les artistes, nous étions en coulisse, c'est-à-dire qu'on nous avait parqués dans les toilettes. Déjà que nous étions morts de trac, le bruit des chasses d'eau automatiques ne favorisait en rien notre concentration ! Les quatre cabines étaient sans cesse occupées et nous pouvions très bien entendre des petits garçons malades regretter d'avoir jamais eu l'ombre de ce que leurs parents avaient pris pour du talent.

Pierre Hayes et moi passions en neuvième juste avant l'élocution finale *écrite* et interprétée par le liche-cul de service, le grand de neuvième dont j'ai parlé plus haut, dont j'ai oublié le nom et qui faisait toujours rire de lui avec sa prononciation précise et précieuse.

(Je disais de lui qu'il passait ses journées dans les jupes de sa mère et ses nuits dans celles des frères, mais il n'y avait pas grand monde qui comprenait ce que ça voulait dire.)

Nous étions donc les avant-derniers, presque l'apothéose du spectacle (allez savoir pourquoi), et nous avions une grosse heure à crever de peur avant d'entrer en scène !

Un brouhaha se fit dans la salle ; les chaises cessèrent de craquer ; nous comprîmes que le curé venait de faire son entrée.

Le frère Urbain-Marie, le directeur, un drôle de bonhomme qui avait décidé de tout faire en riant dans la vie, même donner la strappe, fit un petit discours dont il semblait le seul à comprendre l'humour et personne ne rit, pas même le curé par politesse. Après ce bide durant lequel les gorges avaient déjà commencé à se gourmer, le spectacle put débuter.

Je n'ai aucun souvenir de l'heure qui suivit. J'étais prostré, figé dans mes vieilles salopettes et ma chemise à carreaux que j'avais volés dans l'armoire où ma mère gardait les vêtements dont elle voulait faire des guenilles (elle ignorait encore tout de la journée infernale que vivait en ce moment son bébé). Les numéros se succédaient dans une brume grise où seuls les chiffres avaient de l'importance (on passe dans quatre, dans trois, dans deux !) ; une brume qui venait de l'intérieur de moi et dans laquelle je me noyais au fur et à mesure que mon tour approchait d'aller faire le clown devant le curé de la paroisse et mes confrères de classe.

Le frère François, quelques gouttes de sueur lui barrant le front, vint nous prévenir que c'était notre tour d'aller nous poster derrière les portes doubles d'où nous devions faire notre entrée triomphale... Il me prit à part et je me dis ça y est, y a pitié de moi, y va me dire qu'y va jouer mon rôle à ma place, j'vas pouvoir respirer, prendre une vraie respiration, la première depuis deux semaines...

« Écoutez, Tremblay, quand vous allez sortir de scène, tout à l'heure, changez-vous pas ! J'ai appris juste avant le spectacle que c'est vous qui aviez la médaille d'honneur, ce mois-ci, pour les septième année, pis comme c'est le curé lui-même qui va vous la remettre, vous aurez pas le temps de vous changer. Ça fait que restez habillé de même...

— J'ai le temps de me changer, y a le grand niaiseux qui fait son discours, là...

— Ben non, justement, y est malade, aujourd'hui ! »

Quoi ! Lui, y' avait le droit d'être malade pis pas moi !

J'étais outré ! Il ne me venait même pas à l'esprit d'être heureux d'avoir décroché la médaille d'honneur, j'étais trop occupé à m'insurger intérieurement contre la flagrante injustice dont j'étais victime !

Et, soudain, je me retrouvai seul derrière les doubles portes, en compagnie de Pierre Hayes qui tremblait de tous ses membres.

Le moment était déjà venu ! J'allais, là, tout de suite, marcher à l'abattoir, je présentais ma tête au bourreau, je la glissais dans la gueule du lion !

Le frère François revient, nous pousse dans le dos...

« C'est à nous autres... »
Comment ça, à *nous* autres ? Va donc chier, toé !

* * *

Je devais entrer le premier, me diriger tout de suite vers la droite, la pelle sur l'épaule, en chantonnant *Vive la Canadienne* (oui, oui, oui, dans un Labiche ; c'était une farce — cette chanson était la préférée du frère Urbain-Marie qui passait les récréations à se promener entre les jeux de ballon-volant ou de drapeau en la fredonnant — ; qui, selon le frère François, ferait s'esclaffer la salle et me vaudrait, d'entrée de jeu, une claque monstre).

Je fis tout comme il m'avait dirigé depuis deux semaines : la pelle sur l'épaule, les yeux rivés au plancher et le cœur quelque part dans mes bottines, je chantai *Vive la Canadienne* en me dirigeant vers l'avant-scène.

Rien.

On aurait pu entendre les cils des huit cents personnes présentes battre.

Ou alors quelqu'un à l'intérieur de moi, Dieu peut-être, pour me punir de mes nombreux péchés, avait coupé le son et j'étais devenu sourd.

Mais je ne mourus pas tout de suite. Je survécus encore une bonne minute.

Je dépliai lentement le bras, fis semblant de poser ma pelle dans de la terre fraîche et me mis à mimer celui qui creuse un trou dans un jardin.

Rien encore.

Puis, à mon grand étonnement parce qu'il n'en avait jamais été question avec notre grand metteur en scène, j'entendis soudain *une musique d'accordéon* !

136

Et là, huit cents personnes rirent ; ce n'était pas de la grande rigolade à se taper sur les cuisses, c'était plutôt retenu, gêné presque, mais ça riait. La musique pognait plus que moi !

Je continuai à creuser mon trou, la musique monta d'un cran.

Et juste devant moi, dans la salle, j'entendis un « pstt-pstt » que tout le monde connaissait très bien : le frère sous-directeur, la terreur de l'école qu'on appelait aussi « Bouddha pas de pouce » parce qu'il lui en manquait un, essayait d'attirer mon attention.

Je levai la tête. Il était là, en effet, dans l'allée, la seule personne debout dans l'auditoire, et il me montrait quelque chose à ma gauche. Je regardai dans cette direction. Un insignifiant, à dix pieds de moi, au beau milieu de la scène, jouait de l'accordéon en me regardant avec un drôle d'air.

Je compris immédiatement que le frère François, dans son énervement, m'avait envoyé sur le plateau un numéro trop tôt et là, devant l'école au complet qui enfin se crut le droit d'éclater de rire, je mourus. Ce fut très court et très violent ; tout s'effaça, le trac, le texte que j'aurais eu à dire, Pierre Hayes qui s'était glissé la tête dans la porte entrouverte et me faisait signe de sortir, la salle de récréation, tous ceux qui s'y trouvaient, l'école elle-même, tout disparut dans cette même brume qui m'étouffait depuis le matin, et l'enfant qui ressortit de scène, la pelle sur l'épaule, tête basse, était mort.

* * *

137

Je ne saurais dire pourquoi ni surtout comment j'ai fait, où j'ai pris la force, le courage, ça fait partie des choses que mon subconscient a décidé d'oublier, je suppose, mais toujours est-il que cinq minutes plus tard, après le numéro d'accordéon, j'étais de retour sur la scène et je creusais mon trou avec ma pelle ! Était-ce ma décision, celle du frère François ? Étais-je mort au point d'agir comme un zombie ? Je ne sais vraiment pas. Je n'ai aucun souvenir de cette scène non plus, ni comment je l'ai jouée ni de la réplique de Pierre Hayes, je sais seulement que je suis retourné sur la scène, que j'ai passé à travers mes répliques, que le public a ri (je me revois vaguement en train de soulever le bras pour finir la bouteille et j'entends le curé et le frère directeur qui rient), que nous avons salué sous une salve d'applaudissements et que le frère François m'a serré contre lui pour me féliciter à ma sortie de scène, ce dont j'avais vraiment beaucoup besoin, d'ailleurs.

* * *

Il y a une petite coda à cette histoire : la cérémonie des médailles d'honneur.

J'arrive devant le curé qui éclate de rire en me voyant dans mon costume de jardinier. Il me félicite, prend la médaille qu'un frère lui tendait, me félicite une deuxième fois pour cet honneur et, habitué qu'il est à accrocher les récompenses à du tissu épais et solide, *il m'épingle la médaille d'honneur à travers la peau* !

Des sueurs me coulent sur le front pendant que du sang me coule sous la chemise ! Aussitôt éloigné de quelques pas du curé, je tire sur la médaille, un petit morceau de chair se détache...

Fin de mon introduction à la vie d'acteur !

J'ai rêvé à cette cauchemardesque journée pendant des années. Jusqu'à un âge assez avancé : je me souviens très bien qu'à la veille de certaines premières, par exemple, au lieu de rêver à la pièce qui me préoccupait, je me voyais entrer sur la scène de l'école Saint-Pierre-Claver avec ma petite pelle sur l'épaule et commencer à creuser mon trou (quelle image !)...

Je ne reçus pourtant que des félicitations pour mon « interprétation » du Labiche ; mais j'étais le seul à savoir (j'avais déjà quelque difficulté à exprimer mes sentiments, à exorciser mes démons) que quelque chose en moi était mort au moment où j'avais vu le joueur d'accordéon et que je m'étais juré de ne jamais remonter sur une scène de ma vie.

LE CID

*Une version préliminaire a paru à l'été 1991 dans *Le Devoir* et par la suite dans *Avoir dix-sept ans,* publié chez Québec-Amérique.

J'étais prêt à tout pour voir *Le Cid* de Corneille avec Gérard Philipe et Maria Casarès, au théâtre Saint-Denis, dans la fameuse mise en scène de Jean Vilar. À tout. Mais je n'avais pas d'argent et les billets se vendaient à des prix inabordables pour moi.

Je ne livrais plus de poulets pour le compte du Ty-Coq Barbecue depuis un an, j'étais donc de nouveau à la charge de mes parents qui s'étaient habitués pendant près de quatre ans à ce que je ne leur coûte à peu près rien, aussi rechignaient-ils desormais en un duo du plus beau comique quand je quémandais de l'argent pour autre chose que « les affaires de l'école ». Ma demande pour *Le Cid* fut donc très mal accueillie.

Ma mère : « Des pièces de théâtre, y'en a deux par semaine à la télévision, j'vois pas pourquoi j'me ruinerais pour que t'alles voir Maria Casarès faire des gimaces au Saint-Denis ! Y me semblait que tu pouvais pas la sentir, elle ! »

J'avais beau lui dire que ça allait être un moment historique, que le TNP ne reviendrait pas de sitôt à Montréal, que de voir Gérard Philipe en personne dans *Le Cid* était une chose essentielle dans ma vie, dans mon développement personnel, dans mon évolution artistique, elle ne voulait rien entendre.

« Avoir une robe neuve pour aller à la messe le dimanche s'rait une chose essentielle dans ma vie, moi aussi, pis j'm'en paye pas parce qu'on n'a pas d'argent ! Ça fait que tu vas te passer de Gérard Philipe comme moi j'cache ma vieille robe en dessous de mon vieux manteau ! »

Mon père : « Gérard Philipe ! Voyons donc, le Cid, c'est supposé être un homme, non ? Attends qu'y le fassent à la télévision avec Guy Provost ou ben donc Jean Gascon ! Gérard Philipe ! Pourquoi pas Jean Tissier tant qu'à y être ? En attendant, lis le livre à voix haute, ça va faire pareil ! »

Sa mauvaise foi me tuait. Pour lui les acteurs francais étaient tous efféminés pour la simple raison qu'ils avaient des voix qu'il trouvait soit nasillardes, soit haut perchées et rien ne pouvait lui faire changer d'avis. Seul Pierre Brasseur trouvait grâce à ses yeux. Et encore, pas toujours. Il parlait encore avec horreur de la perruque et du maquillage de son héros dans *Les Enfants du paradis* que nous avions regardé en famille à la télévision quelques années plus tôt. « Y'avait l'air de Liberace, calvaire ! »

Aucun moyen donc de soutirer de l'argent à mes parents. Ni à mes frères : le plus vieux voyait d'un œil plutôt suspicieux se développer en moi le « goût artistique », l'autre était déjà marié et père de famille.

Il ne me restait donc qu'un seul moyen de faire un peu d'argent de poche, un moyen désormais dangereux pour moi parce que je m'étais déjà fait prendre et y avais perdu quelques plumes : vendre des compositions françaises à mes camarades de classe. J'avais pourtant promis au frère Yvon de ne pas recommencer parce que, de toute façon, ça ne rendait service à personne, ni à mes confrères qui ne pouvaient pas logiquement se mettre à bien écrire du jour au lendemain et qui se faisaient prendre automatiquement, ni à moi parce que, toujours selon le frère Yvon, il était ridicule

144

que je gaspille mon talent à écrire chaque semaine quatre ou cinq compositions sur le même sujet.

« Pensiez-vous vraiment me tromper, Tremblay ? J'connais votre style, vous savez. J'connais votre vocabulaire. Je reconnaîtrais une composition de vous entre cent z'autres ! Si vous arrêtez pas, non seulement j'vas continuer à mettre zéro aux compositions que vous faites pour les autres mais j'vas vous donner zéro à vous aussi ! Ce qui fait que vous allez vous donner tout ce mal-là pour rien !»

C'était clair et net. Et j'avais cessé ce que le professeur appelait « mes folies » pour quelques mois.

Mais, cette fois, j'avais vraiment besoin d'argent pour aller voir Gérard et Maria...

Je fis donc discrètement courir la nouvelle à travers les classes de onzième année que mes services étaient de nouveau disponibles, mais je ne promis pas de notes faramineuses à mes clients comme je l'avais fait au début de l'année scolaire ; je me contentais de dire que je m'efforcerais de leur décrocher les meilleures résultats possibles en déguisant mon « style », en faisant quelques fautes d'orthographe ou de concordance des temps... et je chargeais pas mal moins cher.

Les résultats ne se firent pas attendre. Au bout de quelques jours, j'avais une dizaine de commandes et me mis à l'œuvre.

Premier sujet, pour la onzième année A : *Ce que nous ferons à Noël dans ma famille.* Six commandes. J'imaginai tant bien que mal six familles, six réveillons, six pères paquetés mais néanmoins sympathiques, six mères angéliques et six adolescents révoltés mais juste assez pour les rendre intéressants et surtout pas trop pour ne pas choquer le professeur. (On n'écrivait pas

145

ces compositions-là pour le plaisir, mais pour obtenir le plus de points possible !)

Triomphe. Ça marche, tout le monde est content, le frère n'y voit que du feu.

Deuxième sujet, pour la onzième année C, la mienne : *Inventez un conte de Noël que vous racontez à votre sainte mère.* C'était déjà plus coton, ma mère étant loin d'être sainte et le conte de Noël à l'opposé de ce que j'aimais écrire, mais j'arrivai, pour mes trois commandes, à inventer trois histoires de père Noël, de fée des étoiles et de bergers perdus dans le désert à la recherche du Messie tant attendu... et tombai en panne rendu à ma propre composition que je bâclai en fin de compte en réarrangeant celle que j'avais pondue l'année précédente et que le frère Robert, le professeur de français des dixième année, avait trouvée délicieuse.

Je travaillai ainsi d'arrache-pied pendant cinq ou six semaines (j'apprenais à écrire comme quelqu'un d'autre, quelqu'un qui avait moins de facilité que moi et que l'écriture écœurait) et ça me passionnait. J'arrivai à reproduire le même genre de fautes pour mes différents clients et il y en eut plusieurs qui revinrent me voir quatre semaines de suite. Leurs notes remontaient d'une façon appréciable mais pas trop évidente, mes poches se remplissaient et le frère Yvon, chose étonnante entre toutes, ne se rendait compte de rien.

C'est en tout cas ce que je crus jusqu'au jour où il me demanda de rester après la classe.

Je sus tout de suite que quelque chose n'allait pas et je me préparai à aller faire un tour au bureau du frère directeur ou, au moins, à me ramasser au prochain bulletin avec un beau gros zéro en composition française.

Mes peurs étaient fondées : le frère Yvon sortit de son sac *tous* les textes que j'avais pondus depuis un mois et les posa devant moi sur mon pupitre. « Vous me preniez vraiment pour un épais, hein, Tremblay ?

— Ben non, j'avais juste besoin d'argent. À c't'heure que j'en ai assez, j'vas arrêter.

— Vous me preniez pour un épais pareil ! Vous pensiez que j'm'apercevrais de rien ! Au moins, avouez-le !

— J'ai tout fait pour que vous vous aperceviez de rien, c'est vrai... J'essayais... j'essayais de pas écrire comme j'écris moi...

— P'tit prétentieux... Penser que vous pouvez me déjouer comme ça à votre âge...

— J'ai pas fait ça juste pour vous déjouer, frère, j'ai fait ça parce que j'voulais aller voir *Le Cid*, au Saint-Denis. »

Je lui racontai mon histoire et je le vis fondre, littéralement, au fur et à mesure que je développais mon récit. En voyant ses yeux s'embuer d'émotion et pris d'une soudaine inspiration, je décidai d'exagérer un peu ma passion pour Gérard et Maria et lui dessinai un portrait saisissant et bouleversant du petit Montréalais qui a une seule chance dans sa vie d'aller voir des vrais Français jouer le vrai répertoire français classique, et cette fois il tomba tête la première dans le piège pourtant bien gros ! Je triomphais sur tous les fronts : je n'eus pas de blâme pour mes compositions et gagnai un allié à ma cause ; il me pardonna tout, remit les copies dans son sac. Moi, je riais dans ma barbe naissante.

* * *

147

Arriva enfin le jour béni où j'eus assez d'argent pour me payer *Le Cid*. C'était un vendredi après-midi, nous avions fini à trois heures à cause d'une quelconque réunion de professeurs, j'arrivai donc au théâtre Saint-Denis assez tôt. Pas de queue. Étrange. La caissière avait même l'air de s'ennuyer.

« Ça se peut quand même pas que *Le Cid* se vende pas ! »

Elle leva un œil mouillé par la lecture du *Nous deux* ou de *Intimité*.

« Quoi ? »

Je répétai ma phrase que je trouvais si spirituelle.

Elle haussa les épaules comme si je venais de dire une ineptie.

« Comment ça, ça se vend pas ! Certain que ça se vend, y'en a pus ! »

Silence. Une tonne de brique était en train de tomber entre nous. Je l'entendais très distinctement.

La vendeuse se pencha un peu vers la vitre.

« J'ai vu du monde désappointé aujourd'hui, mais vous, vous les battez toutes ! »

J'essayais de ravaler ma salive.

« Même pas un petit ? Un petit à quatre-vingt-dix cennes pour les étudiants, avec vue obstruée ?

— C'est ceux-là qui sont partis les premiers ! J'sais pas c'que vous y trouvez toutes à Gérard Philipe, mais j'vous dis qu'y pogne ! J'ai jamais vu des malades pareils. »

Je restais planté là, l'argent à la main, piteux et défait.

« Y'en reste en masse pour les deux autres pièces, par exemple... *Henri IV* de Pirandello, pis *Marie Tudor* de Victor Hugo. Moi, à votre place, j'prendrais *Marie Tudor*, Maria Casarès joue là-dedans aussi. J'ai vu une

148

pratique à matin, pis Maria Casarès fait toute une entrée : a'l' arrive de par en arrière, là, au son des tambours, y'a un gros spotlight qui est fixé sur elle pis ça y fait une grosse, grosse ombre... C'est ben impressionnant. Ç'avait l'air ben dramatique. L'autre pièce, là, par exemple, personne connaît ça pis les billets se vendent pas. Y'a juste ceux qui achètent des billets pour les trois shows qui en prennent.

— Lâchez-moé donc toutes avec Maria Casarès ! C'est pas Maria Casarès que j'veux voir, c'est Gérard Philipe !

— Fâchez-vous pas ! C'est quand même pas de ma faute si vous avez attendu qu'y'en reste pus pour venir vous acheter un billet !

— J'ai pas attendu qu'y'en reste pus, j'avais pas assez d'argent avant aujourd'hui, viarge ! (J'aurais juré entendre ma tante Robertine crier et j'eus un peu honte.)

Et l'ironie de la situation me frappa de plein fouet. Comment en effet ne pas trouver tout ça en fin de compte ridicule, très « moral », tres judéo-chrétien : l'argent de mon larcin ne pouvait pas me servir à me procurer ce que je voulais, le coupable était puni, bien mal acquis jamais ne profite, etc. J'étais enragé noir. Je me revoyais penché sur des copies toutes plus ridicules les unes que les autres, m'échinant pour essayer de redresser les notes de francais de garçons de mon âge qui s'en sacraient comme de l'an quarante, et je me serais volontiers laissé aller à pleurer de dépit si j'avais été tout seul. Tant d'heures de travail à essayer de mal écrire pour en arriver là !

Je décidai alors de me venger du sort d'une façon très défaitiste mais aussi trés satisfaisante (un trait de famille, ça, se satisfaire dans le défaitisme).

Je déposai tout mon argent sur le comptoir.

« J'en ai-tu assez pour me payer un billet pour les deux autres spectacles ? »

Elle compta rapidement.

« Certain ! Pis des bons ! Des chers d'adultes, placés dans le milieu ! »

* * *

C'est ainsi que j'ai vu bien malgré moi Maria Casarès faire son entrée sur la scène du Saint-Denis au son des tambours et des trompettes, silhouettée sur le mur du fond par un projecteur blanc, et Jean Vilar se prendre pour un roi, grimpé sur un escabeau, entouré de sa famille quelque peu interdite. J'ai gardé des deux spectacles un souvenir assez ému (je dois même avouer que je fus bouleversé, conquis par l'intelligence des mises en scène du grand Jean Vilar et la brillante performance de tous les acteurs), mais là n'est pas mon propos...

* * *

Quelques jours plus tard, au déjeuner, mon frère le plus vieux nous dit :

« J'ai été voir Gérard Philipe dans *Le Cid*, hier soir. C'tait ben plate. Y faisaient juste crier, toute la gang. J'avais apporté mon Classique Larousse, pis ma p'tite flashlight, pis j'suivais en même temps... Y'en ont passé des boutes ! Y'ont même pas fait la pièce au complet ! J'tais tout perdu, à un moment donné, j'dérangeais tout le monde à force de tourner les pages... J'avais envie de me lever pis de redemander mon argent, c'est pas mêlant. »

Puis il me regarda avec un petit air ironique.

« J'arais dû te donner mon billet, Michel, t'aimes ça, ces niaiseries-là, toi ! »

TRISTAN UND ISOLDE

Je sortais du cinéma Loew's, ça j'en suis sûr, mais je ne me rappelle pas quel film j'étais allé voir. C'était un après-midi d'été, il y avait beaucoup de monde sur les trottoirs, il faisait très chaud ; je décidai de rentrer à pied en passant par des rues que je n'empruntais jamais : University, Sherbrooke, peut-être même Saint-Laurent jusqu'à Mont-Royal, un quartier que je connaissais mal et que je savais très animé l'été... En tournant à gauche sur University, je longeais donc les vitrines d'Eaton's, je tombai nez à nez avec un acteur très connu, idole de ma mère depuis toujours, et dont j'avais entendu dire, par un gars rencontré au cinéma quelques semaines plus tôt, qu'il était de la même conviction que nous.

J'étais très curieux à cette époque-là d'apprendre qui dans le milieu artistique était comme ça ou non. On disait que ça pullulait, mais comme il n'y avait aucune façon de le savoir si on ne connaissait personne dans ce monde-là — c'était mon cas —, je consultais d'affreuses feuilles de chou — ah, le *Ici-Montréal*, jaunisme qui s'assume : encre noire, encre rouge, sur papier jaune ! — où les insinuations et les demi-accusations abondaient mais où, évidemment, aucun nom n'était jamais révélé. On écrivait, par exemple, des choses aussi subtiles que : « La tapette A. M., qui joue à Radio Tralala, dans un téléroman très populaire, a été vue la semaine dernière à tel endroit en train de flirter un joli jeune homme... Un mariage serait-il en vue ? Et que dira son

155

mari ? » Il va sans dire que ça m'aidait très peu et que je sortais toujours de ces lectures confus et frustré.

Sans malice, donc, juste pour vérifier, pour pouvoir me dire oui, c'est vrai ou non, c'est faux, dans le cas de cet acteur, je le regardai avec insistance.

Bingo : il me dépassa, se retourna en même temps que moi tout en faisant semblant d'admirer une vitrine, me sourit.

Il ne me plaisait pas du tout physiquement mais c'était quand même quelqu'un de très connu — la première célébrité qui me faisait l'honneur de me draguer — alors je décidai de jouer le jeu, de faire semblant de regarder moi aussi une vitrine, de me laisser aborder s'il l'osait.

Il l'osa.

« Vous léchez les vitrines ? »

Une réponse très vulgaire me vint tout de suite à l'esprit mais je la gardai pour moi ; je ne voulais surtout pas l'effaroucher. Ces acteurs chic-là devaient avoir horreur des farces graveleuses ! Je pris le parti de ne rien répondre du tout, le nez toujours collé à la vitre sale, le cœur un peu trop gros dans ma poitrine.

« *You don't speak French* ? »

Il avait un magnifique accent anglais, probablement peaufiné à Londres, puisque je me rappelais avoir lu dans *RadioMonde* qu'il arrivait d'un long séjour en Angleterre.

« Oui, oui, j'parle français... Pis j'sais qui vous êtes, aussi. »

Il se raidit un peu.

« Ah, bon... et je suppose que c'est pour cette raison que vous vous êtes retourné ? »

156

Je le regardai pour la première fois depuis que nous avions commencé à parler. Il était bien moins beau que dans les journaux ou à la télévision : sans maquillage pour cacher ses poches sous les yeux et déguiser ses traits qui commençaient à couler comme de la cire chaude, il avait l'air d'un ancien jeune premier qui refuse de vieillir — ce qu'il était de toute évidence. Avec un peu de générosité, quand on allait le voir jouer au théâtre ou lorsqu'il apparaissait dans un téléthéâtre, on l'aurait placé dans la fin de la trentaine, mais là, sous la lumière crue de juillet, même si nous étions du côté de l'ombre, la générosité se faisait plutôt difficile et il accusait franchement ses quarante et quelque années bien comptées.

« C'est pas juste pour ça. »

Il parut rassuré ; il l'était vraiment, ou alors il le jouait très bien. C'était un excellent acteur au talent diversifié qui s'était spécialisé tant dans les rôles d'enfants de chienne que dans les jeunes premiers suaves et enamourés.

« Quel âge avez-vous ? »

C'était une question à laquelle j'avais à répondre assez souvent même si les gars que je rencontrais savaient parfaitement bien que je n'étais pas majeur ; il voulaient m'entendre dire que j'étais en âge de baiser pour tranquilliser, anesthésier leur culpabilité. Et je le leur disais volontiers, lisant avec satisfaction sur leur visage le soulagement qu'ils se jouaient à eux-mêmes. De toute façon, me disais-je, eussé-je été d'âge acceptable, la sexualité qui nous intéressait était défendue, réprouvée et même punie !

« Faites-vous-en pas, j'ai l'âge. »

157

Il sourit et son visage s'illumina en se transformant d'une façon assez spectaculaire : sans transition, tout ce qui tombait ou pendait la seconde précédente s'était relevé, s'était rebâti et, tout d'un coup, il ressemblait à ce que je connaissais de lui, à sa propre version officielle, en quelque sorte.

« Vous avez l'âge de faire la chose mais pas l'âge légal, c'est assez évident.

— Pis ça vous dérange pas ?

— Pas du tout.

— Vous avez pas peur ?

— Oui, mais ça fait partie du jeu. Et vous le savez très bien. »

Il fit une amusante petite révérence.

« Je suppose que vous habitez encore chez vos parents et que la chose se fera chez moi... »

Il m'amusait mais, je ne sais pas pourquoi, j'avais envie de le remettre à sa place avec son français châtié et ses airs pompeux.

« Qui vous dit que la chose va se faire ?

— Vous ne prendriez pas la peine de me parler si la chose ne vous intéressait pas du tout...

— Au contraire, vous êtes quelqu'un de célèbre, j'pourrais avoir envie de vous connaître, de jaser avec vous sans que ça finisse comme vous pensez ! »

Il s'éloigna de quelques pas avec un drôle de petit sourire.

« Puisque c'est comme ça et que je n'ai pas de temps à perdre, je vous quitte ici...

— Parce que vous pensez que c'est perdre son temps que de jaser avec un jeune au lieu de baiser avec ? »

Il fit un faux air d'appréciation qui m'insulta carrément.

« Et ça pense par-dessus le marché !

— Et ça pense par-dessus le marché que la chose se fera pas pantoute ! »

Je lui tournai le dos, m'éloignai d'un bon pas.

Je l'entendais rire et j'étais furieux. Je montai jusqu'à de Montigny assez rapidement mais il me rattrapa, donna deux petits coups de doigt sur mon épaule.

J'aurais pu hurler au harcèlement, le frapper, le donner à la police ; je ne le fis pas.

« Excusez-moi, je ne savais pas à qui j'avais affaire !

— Vous le savez pas encore !

— Alors je vous demande gentiment si vous avez envie de venir prendre le thé chez moi. »

Je ne pus m'empêcher de sourire. Aller prendre le thé chez quelqu'un qui arrivait de Londres, qui avait peut-être vu des spectacles extraordinaires, qui aurait peut-être, sûrement même, de la conversation après autant qu'avant, c'était assez tentant... Ces derniers temps, je m'étais trop souvent retrouvé dans la rue à moitié habillé ou à moitié endormi après des ébats pourtant très intéressants et j'en avais assez. J'avais envie de vivre un « après », pas juste un avant et un pendant...

« Le thé ? Juste le thé ?

— Le thé et autre chose si le cœur vous en dit. »

On ne m'avait évidemment jamais parlé de cette façon-là, mes rencontres au parc Lafontaine ou dans les bosquets du mont Royal étant moins formelles ; moins fleuries, surtout.

« Mais si la chose m'en dit pas, vous insisterez pas ?

— Pas du tout ! Ai-je l'air d'un goujat ? »

Un homme qui utilisait le mot goujat ne pouvait pas être totalement inintéressant ; je décidai de le suivre. J'avais suivi pire. Mais surtout mieux. Physiquement, en tout cas.

J'avais voulu, en sortant du cinéma, emprunter des rues que je connaissais mal, j'étais servi ; le chemin que nous empruntions m'était complètement inconnu. Nous avions monté University jusqu'à Sherbrooke, nous avions tourné vers l'ouest, puis emprunté Peel — une rue mystérieuse pour nous, les gens de l'est, parce que, croyions-nous, réservée aux seuls Anglais riches ; tous ces clubs privés, tous ces immeubles richissimes, toutes ces maisons de chambres où habitaient les étudiants de l'université McGill nous impressionnaient grandement — jusqu'au pied du mont Royal.

« Vous connaissez le mont Royal ? »

Sa question était insidieuse, son sourire équivoque.

« J'connais très bien le mont Royal, mais pas de ce côté-ci, juste du côté de l'avenue du Parc. Pourquoi vous me posez cette question-là ? Pensez-vous que les rencontres qu'on fait ici sont plus intéressantes parce que vous vous tenez dans le bout ?

— Pas plus intéressantes, non... Je voulais seulement m'informer, ne vous énervez pas comme ça...

— J'm'énerve pas, j'veux juste pas que vous pensiez que vous avez affaire à un niaiseux !

— Je ne l'ai pas pensé une seule fois depuis que je vous ai abordé, je vous l'assure...

— Ben, arrangez-vous pour que ça se sente ! »

Il leva la main vers les escaliers de ciment décatis qui grimpaient dans la verdure.

« Et si nous passions par-dessus la montagne ? »

Je me dis ça y est, c'est là qu'y voulait en venir, on va escalader un petit sentier qui mène nulle part, y va me sauter dessus pis ça va finir là... Une autre belle aventure excitante à ajouter à mon édifiant et impressionnant tableau de chasse...

« Faut passer par-dessus la montagne pour aller chez vous ?

— J'habite Westmount, mon cher ! »

C'était dit sur un ton d'une telle condescendance que je faillis lui mettre ma main sur la yeule.

« Moi aussi, y faudrait passer par-dessus la montagne pour aller chez nous pis j'reste sur le Plateau Mont-Royal, mon cher ! »

C'est en fin de compte le sourire qu'il fit à ce moment-là qui finit par me conquérir tout à fait. C'était le beau sourire franc de quelqu'un qui s'amuse réellement ; il ne me trouvait pas insignifiant, c'était déjà ça de pris !

* * *

Des têtes se tournaient sur notre passage et j'en étais flatté. Si on le reconnaissait, on devait bien aussi se demander qui était le jeune homme qui l'accompagnait... Et il semblait particulièrement bien connu dans ce coin de la montagne sacrée des rencontres nocturnes et furtives. Parfois il répondait aux saluts qu'on lui adressait, parfois il faisait celui qui ne voit rien. J'imaginais une vie remplie d'aventures aux limites du danger, des rencontres fugaces comme celles que je commençais à expérimenter mais avec ce piment de plus qu'un des partenaires était célèbre ! Les problèmes que ça pouvait aussi occasionner : des gars collants qui ne veulent plus lâcher, ceux qui tombent amoureux trop rapidement, les inévitables profiteurs, le chantage peut-être...

« C'est un avantage ou ben un inconvénient d'être connu quand on cruise, comme ça ? »

Il ne répondit pas tout de suite ; je crus même déceler une pointe d'agacement, comme si cette question le dérangeait.

« C'est toujours un avantage pour trouver, c'est souvent un inconvénient quand vient le temps de se débarrasser des indésirables... »

Exactement ce que je pensais. Mais, à bien y penser, cette réflexion pouvait tout aussi bien s'adresser à moi.

« Si ça peut vous rassurer, chus pas le genre collant.

— Ce n'est pas ce que je voulais dire.

— Peut-être, mais au cas... Quand ma tasse de thé va être finie, ou ce qui va suivre ou non, j'vas disparaître pour de bon pis vous allez pouvoir m'oublier immédiatement, comme si j'avais jamais existé...

— J'espère bien que non, que je garderai quand même de vous un bon souvenir... »

Un semblant de soir tombait lentement sur la montagne. La vraie nuit était encore loin, mais lorsque nous passions du soleil à l'ombre, une fraîcheur très agréable nous enveloppait et la lumière changeait de couleur, passant du doré de la fin de l'après-midi au bleu indéfinissable du début de la soirée.

C'était pourtant une promenade très agréable, je ne comprenais pas le sentiment de frustration que je ressentais. Était-ce parce que ce comédien, aussi fameux fût-il, n'était pas assez beau ou que le goût de prendre le thé en jasant commençait à me passer ?

Nous débouchâmes dans un quartier que je ne connaissais pas du tout, magnifique, riche, vert ; les maisons étaient des palais, les pelouses peignées comme des caniches et une voiture chic stationnait devant chaque garage. Une autre ville ; un autre pays ; un autre monde !

« Westmount ?

— Westmount ! »

C'était plus beau que ce qu'on m'en avait dit et j'étais au bord d'être furieux. Pas de jalousie mais, encore une fois, par pur défaitisme congénital ; ma mère était défaitiste, mon père l'était aussi, alors je l'avais attrapé et j'étais pogné avec : tout ceci m'était défendu, me serait toujours défendu, rien ne pourrait jamais changer cette situation et ça m'enrageait.

Il était trop tôt pour écornifler dans les maisons, les lumières n'étaient pas encore allumées dans les salons, mais je dévorais littéralement les façades, essayant d'imaginer *qui* pouvait bien habiter des cabanes pareilles. J'avais un peu de difficulté à bien saisir qu'un lit attendait les résidents, à l'étage, *à l'étage* ! et qu'ils y dormiraient comme je dormais moi dans mon sofa pliant qui longeait le mur de la chambre que je partageais avec mon frère Jacques. Ce n'était pas là un décor de cinéma mais la vraie vie pour des gens probablement fascinants que je ne connaîtrais jamais. Ou alors plates pour mourir, mais riches.

« C'est beau, hein ?

— Ben oui, c'est beau.

— Pourquoi vous dites ça sur ce ton-là ? Vous habiterez peut-être ici un jour, vous aussi...

— Dites donc pas des affaires que vous pensez pas... Vous êtes pas Henry Higgins, chus pas Eliza

Doolittle, pis j'changerai pas d'accent pour pouvoir m'installer dans le boute !

— Oh, un connaisseur en théâtre en plus !

— Faites-vous-en pas, c'est pas la pièce que je connais, chus pas assez connaisseur pour ça pis George Bernard Shaw est loin d'être ma lecture de chevet... C'est juste la comédie musicale que je connais parce que chus t'abonné au club de disques Columbia, que j'avais oublié d'envoyer ma carte pour dire que le disque du mois m'intéressait pas pis que j'ai reçu *My Fair Lady* sans avoir envie de l'écouter ! Mais, une chance, j'ai trouvé ça ben beau, j'ai pas dépensé un gros cinq et quatre-vingt-quinze pour rien... »

Je me mis à chanter à tue-tête : « *Just you wait, Henry Higgens, just you wait ! You'll be sorry but your tears will be too late...* »

« *My Fair Lady*, je connais ça, moi aussi ! »

Il esquissa quelques pas de danse sur le trottoir en chantant le début de *I could have dance all night*.

* * *

Son appartement me parut incroyable. Quelque chose qui ressemblait à du cinéma, encore une fois ; des murs crème, impensables chez nous où le rouge sang — même au plafond — régnait en maître dans le salon et le papier peint acheté à rabais partout ailleurs. Les sofas étaient profonds, les tapis épais, les rideaux vert d'eau et blanc cassé bien propres — pas de gras de steak, ici —, les boiseries huilées et brillantes. Et nombreuses.

La maison donnait à l'ouest et à notre arrivée le soleil se mourait dans la partie supérieure droite d'une des portes-fenêtres, tout en jouant avec les branches d'un lilas dont les fleurs achevaient de sécher dans un tableau des plus artistique.

« C'est beau, la vue... »

Il leva un œil distrait vers les fenêtres où se déroulait le plus beau spectacle du monde.

« Oui, c'est vrai, c'est beau... Mais je suis rarement ici à cette heure-là... »

Il avait ça sous les yeux tous les soirs et il ne se donnait même pas la peine de regarder !

Il dut m'entendre penser parce qu'il me dit, en posant la main sur mon avant-bras :

« De la répétition naît l'ennui... »

J'étais franchement choqué.

« Si j'avais ça dans ma fenêtre, moi, laissez-moi vous dire que je m'ennuierais jamais ! »

Il sourit en s'éloignant vers la cuisine, petite mais fonctionnelle — ma mère aurait dit que c'était un coqueron mais ma mère passait sa vie dans la cuisine !

« Vous voulez vraiment du thé ?

— Absolument ! Avec un nuage de lait, à part de ça ! »

Il mit l'eau à bouillir, ouvrit le réfrigérateur. Et là, j'eus mon premier choc. Le frigidaire était vide ! Je crus apercevoir une bouteille de jus de raisin Welch et quelques citrons. C'est tout. Tout était immaculé, les tablettes de verre et celles de métal, mais complètement vide ! Cet homme ne mangeait donc jamais ! Il se tourna vers moi, eut un petit haussement d'épaules.

« Du citron dans votre thé, ça va aller ?

— Ben... va ben falloir. »

J'avais envie de m'en aller, tout à coup. Ce frigidaire vide me faisait peur. J'étais tellement habitué à ce que les victuailles me tombent quasiment dans les

165

bras quand j'ouvrais le nôtre — un énorme jambon, un restant de roast beef, une assiette de spaghetti, un gâteau fraîchement décoré, deux ou trois pintes de lait, du jus d'orange, des œufs, du bacon, du fromage Château au piment, le lunch de mon père ou le mien dans un sac brun —, que la vue de ces tablettes vides et presque trop propres m'avait angoissé, et l'homme qui sortait une petite boîte de thé vert d'une armoire, qui en versait une cuillerée dans une magnifique théière en porcelaine blanche, cette idole de ma mère et de ma tante Robertine avec qui j'allais peut-être baiser dans quelques minutes, m'écœurait un peu...

À notre retour dans le salon, le soleil avait eu le temps de se coucher complètement et la pièce était baignée d'une lumière orangée.

« C'est romantique, n'est-ce pas ? »

J'avais envie de pleurer, de lui dire s'il vous plaît, laissez-moi partir, j'veux pus, j'veux pus rester ici, j'veux pus que vous me fassiez la cour comme si j'étais une courtisane du dix-neuvième, j'aime pus ça, j'trouve pas ça romantique pantoute, ça m'énerve, ça me fait peur, j'veux retourner chez nous où y'a pas de coucher de soleil en arrière d'une branche de lilas mais où on mange comme des êtres humains normaux ! Mais j'avais peur de le blesser.

Et je me suis laissé faire.

Mon deuxième choc fut plus subtil, plus insidieux et plus dévastateur.

J'entendais parler de cet acteur depuis ma tendre enfance ; il avait fait pleurer toutes les femmes de la maisonnée dans ses nombreux feuilletons radio-phoniques, ma grand-mère en avait été folle, ma mère et ma tante étaient pâmées sur sa voix, mes cousines le trouvaient crotte — c'était leur expression — depuis qu'on pouvait le voir à la télévision... et c'est moi qui aboutissais dans ses bras, sans l'avoir voulu, sans l'avoir désiré, lui, jamais, je tremblais de peur parce que son frigidaire était vide et j'étais écœuré par son thé trop citronné !

Je n'avais évidemment jamais pensé à ma mère pendant que je baisais, mais là, dans ce décor éminemment romantique, avec la nuit qui tombait dans une porte-fenêtre comme elle n'avait jamais osé en rêver, les membres mêlés à ceux d'un homme qu'elle avait peut-être secrètement désiré, un fantasme impossible, hors d'atteinte pour elle, je n'arrivais pas à me débarrasser d'une vision à la fois absurde et tragique : ma mère, dans un coin de la pièce — nous étions restés au salon —, qui nous regardait faire, dégoûtée, scandalisée. Trompée.

Je me mis à pleurer ; il pensa que c'était de bonheur, de jouissance et, qui sait, peut-être même de reconnaissance. Il sembla en tirer un grand plaisir et un grand orgueil. C'était la première fois que j'étais malheureux en faisant l'amour, que j'en ressentais une véritable culpabilité, pas celle des catholiques qui vous fait regretter les gestes mêmes que vous posez, les jouissances que vous en tirez, mais celle, plus sournoise parce qu'elle n'a rien à voir avec l'acte lui-même, déclenchée par l'impression d'avoir enlevé quelque chose à quelqu'un, d'être à sa place et de ne pas en être digne. C'était vraiment ma mère que je trompais et je me sentais sale.

* * *

167

Je ne sais pas comment ça se fait que je ne me suis pas sauvé en courant la séance terminée, mais je me retrouvai tout habillé avec une deuxième tasse — sans citron, celle-là — de thé vert à la main. La nuit était noire, il avait allumé une seule lampe torchère qui jetait une belle lumière ambrée dans la pièce. Tout était redevenu très artistique, comme si la séance qui venait de se terminer ne s'était jamais produite. Le thé vert mettait un peu de civilisation dans tout ça, les fenêtres ouvertes avaient vite fait de remuer, de chasser les puants remugles du péché et la conversation à mi-voix nous enveloppait dans un confort cotonneux.

Nous en étions aux confidences, qui furent longues, et j'avoue que cette image m'étonne un peu. Mais c'était peut-être la curiosité, en fin de compte, qui m'avait fait rester puisque je me revois encore écrasé dans un fauteuil à oreilles à l'écouter raconter des anecdotes de théâtre, drôles, instructives, passionnantes, concernant mes acteurs et mes actrices favoris. Des histoires de radio, de télévision, des portraits assez finement ciselés de personnalités en vue, et même quelques secrets bien gardés au sujet des épisodes futurs de mes feuilletons préférés ou de la préférence sexuelle des vedettes les plus connues.

« Hein ? *Lui !* Ça se peut pas ! *Elle !* Voyons donc, vous me faites marcher ! »

Un enfant qui suit de toute son âme les aventures de ses grands héros. Excepté que nous étions bien loin d'*Ivan l'intrépide* ou de *Zézette !* Je posais les questions, il brodait sans fin, gentil, prévenant, drôle.

La culpabilité de tout à l'heure avait disparu mais elle n'était pas loin ; je restais peut-être aussi un peu parce que je savais qu'elle me sauterait dessus aussitôt que je me retrouverais tout seul dans la nuit noire de Westmount.

Puis ce fut mon tour : mes études, vite réglées parce qu'absolument inintéressantes, mon goût pour la lecture, ma passion pour le théâtre et surtout la forte inclination que j'étais en train de développer pour l'opéra. Je découvrais tout seul, à force d'en écouter, que l'opéra était le théâtre total et j'en faisais largement état. Il était lui-même féru de cet art et nous en parlâmes pendant des heures, moi d'une façon amateur parce que mes connaissances étaient des plus limitées et lui d'une manière passionnante, instructive, qui éveillait en moi de l'intérêt pour Mozart dont je trouvais jusque-là les récitatifs insupportables et pour Wagner dont je ne voulais même pas entendre prononcer le nom tant son œuvre me dépassait. (Je disais évidemment que ça m'ennuyait, mais je savais très bien que c'était pour le moment hors de ma portée.)

Tout en l'écoutant parler, je regardais son tourne-disque, tout à fait ordinaire, et ses disques.

Sa discothèque — moi, j'aurais plutôt appelé ça un porte-journaux tant c'était petit — était aussi mal garnie que son réfrigérateur. Un seul album y était glissé à la verticale, un coffret d'opéra comme ceux que j'avais de peine et de misère commencé à me payer avec l'argent du Ty-Coq Barbecue. Il le prit au milieu d'une phrase sur Wagner, me le tendit. *Tristan und Isolde*, le vieil enregistrement de Furtwängler, avec Kirsten Flagstad Ludwig Suthans et Blanche Thebom. Il m'en parla avec une telle chaleur que j'eus envie de l'entendre. Je jure que je n'avais pas le goût de revoir cet homme mais je lui demandai quand même de me prêter son album.

« Écoutez, je vous trouve très gentil et tout, mais je ne sais pas si je peux vous faire confiance au point de vous prêter cet album auquel je tiens énormément... »

Une idée me frappa, tout à coup. Et s'il n'était pas aussi riche que je le croyais ? Et s'il avait mis tout son argent dans l'appartement — le paraître ! — et qu'il ne lui restait pas grand-chose pour vivre ? C'était un peu mélo mais ça me plaisait et je me complus dans l'image de l'acteur pauvre qui se paye un appartement hors de prix et qui est obligé de survivre avec un peu de jus de raisin Welch et du thé vert additionné de citron. Très théâtral ! Comme les mélodrames qu'il avait joués avec tant de talent toute sa vie...

« Vous pouvez me faire confiance, j'vous le jure. Complètement. Prêtez-moi-le pour une semaine, j'vas vous donner mon numéro de téléphone, rappelez-moi exactement dans une semaine pis j'vas vous le remettre, j'vas avoir eu le temps de l'écouter ! »

Je devais être particulièrement convaincant parce que je suis reparti avec l'album sous le bras, rasséréné, assez heureux, même. Cette journée, si jamais j'aimais *Tristan und Isolde*, m'aurait tout de même apporté quelque chose !

Westmount avait allumé toutes ses lumières et je pus écornifler dans toutes les maisons que je voulais. Pour eux, c'était l'heure du souper ; chez nous, ma mère avait fini sa vaisselle depuis deux bonnes heures.

* * *

En arrivant à la maison, j'étais l'image même de la culpabilité et ma mère s'en aperçut.

« Tu t'es encore acheté un opéra ! J'vas encore entendre hurler une gang d'hystériques pendant des heures ! T'as rien de mieux à faire, avec ton argent ? J'sais pas, moé, t'acheter des souliers ou ben donc des sous-vêtements ! »

Je ne répondis rien. Je n'allais quand même pas lui dire que je l'avais emprunté ni, surtout, à *qui* ! J'allai donc m'enfermer dans ma chambre. Heureusement, mon frère était absent et je pouvais commencer tout de suite à écouter Wagner.

C'est avec cet enregistrement de *Tristan und Isolde* que j'ai découvert le vrai imaginaire de l'opéra. Ce que j'écoutais jusque-là, des choses relativement faciles comme *Norma* ou *Madama Butterfly*, se contentait de me raconter une histoire dont, la plupart du temps, la musique n'était que l'illustration un peu simplette même lorsqu'elle était magnifique ; j'étais d'ailleurs souvent plus ému par la musique que par les textes — les livrets d'opéra, sauf exception, n'ont pas la réputation d'être des œuvres immortelles — que je trouvais mièvres (pauvre Bellini !) ou trop compliqués (pauvre Verdi !).

Au début, quand j'avais commencé à m'intéresser à l'opéra, je dois avouer que même les histoires idiotes comme celle d'*Il Trovatore* m'avaient captivé (j'avais littéralement hurlé de surprise et d'horreur, à la fin de cet opéra, quand j'avais appris que le comte di Luna et Manrico, les deux ennemis jurés, étaient des *frères* et que le méchant comte était un *fratricide* !), mais j'avais douze ou treize ans à cette époque-là et tout ce qui ressemblait de près ou de loin à Jules Verne ou à Alexandre Dumas me pâmait, surtout mis en musique bien carrée et bien rythmée. Maintenant que j'avais seize ans, il m'arrivait souvent de poser le livret à côté de mon fauteuil et de n'écouter que la musique. (Je n'avais pas encore découvert les splendeurs des deux derniers Verdi, *Otello* et *Falstaff*, dont les livrets d'Arrigo Boito sont de purs chefs-d'œuvre d'écriture, et j'étais encore trop jeune pour la très grande intelligence des opéras de Mozart et da Ponte dont je me contentais d'écouter des extraits.)

J'avais acheté mon premier tourne-disque à crédit ($49.95 ; $1.25 par semaine pendant un an !) chez le marchand de musique, juste en face de chez nous sur la rue Cartier, et qui, pour attirer la clientèle parce qu'il n'était pas sur Mont-Royal, faisait jouer à tue-tête, les jeudis et vendredis soirs, les derniers succès de Rollande et Robert et les premiers de Michel Louvain. C'était une vilaine boîte carrée mouchetée gris, noir et blanc, avec un seul minuscule haut-parleur au-dessus duquel on avait eu le toupet de visser un beau « High Fidelity » en plastique façon métal et qui, comme le disait si bien ma mère, « grichait » à vous faire grincer des dents.

« Michel, si tu baisses pas le son tu-suite, j'vas aller mettre le couteau à pain dans c'te haut-parleur-là, moé ! Y'a assez d'un sourd dans'maison, j'ai pas envie qu'on le devienne toutes ! »

C'est donc là-dessus que je me pâmais depuis quelques années sur le *Vissi d'arte* de Tosca ou le *D'amor, sull'alli rose* de la Leonora du sus-mentionné et ô combien épique *Il Trovatore*. (Je crois que c'est cette année-là, d'ailleurs, que mon frère Jacques allait se faire livrer par la poste un système dont j'ai oublié la marque, qu'il allait monter lui-même et qui allait transformer ma vie de pauvre petit amateur de musique en véritable existence de mélomane. La vraie haute-fidélité mais pas encore la stéréophonie !)

J'avais un peu feuilleté le texte de *Tristan* avant de d'écouter l'album. Non seulement c'était en allemand, mais c'était touffu, avec de longs monologues entrecoupés de très nombreux dialogues, alors que j'étais habitué aux airs bien définis et bien carrés des Italiens. Les textes des livrets étant à cette époque-là imprimés en deux langues uniquement, l'originale et l'anglais ; impérialisme oblige, mes connaissances dans cette langue — à cause, aussi, de ma fréquentation assidue des films américains — s'étaient énormément développées et j'avais pu suivre l'histoire que je connaissais déjà vaguement pour l'avoir étudiée à l'école. Quand je tombais sur un mot que je ne comprenais pas du tout, je feuilletais mon vieux Webster anglais-français acheté pour une bouchée de pain chez Tranquille, si je me souviens bien, je le soulignais dans le texte pour bien m'en rappeler et je continuais ma lecture.

Mais même la consultation du livret ne m'avait vraiment pas préparé au choc qui m'attendait, le troisième de cette mémorable journée.

Dès les premières mesures, je fus intrigué. Ça ne ressemblait à rien de ce que je connaissais, je ne pouvais pas encore dire si j'aimais ça ou non, c'était beaucoup trop tôt, mais ça titillait quelque chose, loin en moi, qui n'avait pas encore été touché par la musique. Quand le premier thème émergea de la section des cordes, surtout des violoncelles, mon instrument favori, et de la si belle combinaison clarinette-hautbois, je me raidis dans le lazy-boy que ma mère avait fait installer près de la fenêtre de notre chambre, à mon frère et à moi, depuis que Jacques avait acheté un appareil d'air climatisé, là où je m'écrasais pour lire et écouter des disques. J'avais toujours visualisé la musique, surtout l'opéra, mais les images que celle-ci me suggérait n'étaient pas *claires*, c'était la première fois, et j'en étais intrigué. Je ne voyais pas le décor du premier acte qu'on me décrivait dans le livret, mais des couleurs, des sensations, je *voyais* des sensations, et la répétition du thème, ce crescendo de plus en plus marqué, de plus en plus entêtant des cordes mêlé aux déchirantes lamentations des hautbois, me tordit le cœur d'une façon tellement puissante que je dus me lever pour me promener un peu dans la pièce. Au fur et à mesure que la musique s'amplifiait, que d'autres instruments s'ajoutaient à ceux déjà entendus, je crus étouffer et je me réfugiai sur le balcon qui dominait la rue Mont-Royal. Quand le jeune matelot commença à chanter, je rentrai en courant, soulevai le bras du tourne-disque et remit la musique au début. J'étais incapable d'entendre une voix humaine, je voulais me concentrer sur cet orchestre qui me dévastait d'une façon aussi violente.

J'ai dû écouter le prélude au premier acte sept ou huit fois, ce soir-là, sans jamais aller plus loin. Je n'avais pas fait ça, remettre un disque au début presque jusqu'à l'écœurement, depuis que j'avais acheté *Peter Pan*, avec Mary Martin, trois ans plus tôt, après l'avoir regardé à la télévision et que j'étais tombé en amour avec la chanson *I'm Flying* avec laquelle j'avais fait suer ma mère pendant des semaines :

« Si tu mets c'te disque-là encore une fois, y va flyer pour vrai, mais par le châssis ! »

Elle avait d'ailleurs fait une petite intrusion ce soir-là aussi ; elle était venue fermer la porte de ma chambre en me disant tout bas mais fermement :

« J'espère que tu vas arrêter d'écouter ce disque-là avant qu'y devienne blanc ! »

J'avais cessé de l'écouter avant qu'il devienne blanc mais la musique m'était restée dans la tête et j'eus toutes les misères du monde à m'endormir. Les violoncelles attaquaient, je voyais à nouveau les sensations — la peur du malheur imminent ; la couleur même du défaitisme (encore lui !), parce qu'on sait dès le début que tout est inscrit, décidé d'avance, irrémédiablement perdu ; l'angoisse, aussi, que ressent Yseult, la blonde Irlandaise, d'être dépossédée à jamais de son pays, sur ce bateau en route pour les brumes d'une terre qu'elle n'a jamais voulu connaître et un mari trop vieux pour elle. Je ne voyais pas tout ça de l'extérieur, un décor de théâtre, un bateau, des voiles, un ciel, mais de l'intérieur même du personnage d'Yseult ; c'était la description d'un état d'âme et non pas d'une action. Je pensais aux malheurs de Guenièvre et Lancelot qui m'avaient tant touché dans *Knights of the Round Table*, quelques années plus tôt, et je rêvai à ceux de Tristan et Yseult avant même d'avoir écouté l'opéra de Wagner, en prêtant aux personnages le physique de Robert Taylor et d'Ava Gardner. C'étaient des rêves très violents, éprouvants et sanglants, qui me laissèrent épuisé, incapable de me relever le lendemain matin pour faire quoi que ce soit.

* * *

J'ai écouté l'album deux fois au complet dans les jours qui suivirent, plus de huit heures de musique. Je ne comprenais pas tout, évidemment, de grands pans d'obscurité, comme des énigmes de logarithmes, suivaient les passages plus à mon niveau et qui me passionnaient (surtout que j'étais loin de tout entendre avec l'appareil que j'avais!), mais la scène du philtre d'amour, au premier acte, le grand duo de Tristan et Yseult, au deuxième, qui dure presque une heure, le magnifique avertissement de Brangaene, la suivante d'Yseult, qui coupe ce duo d'amour en deux, et surtout le très long monologue du roi trompé, Mark, que les exégètes trouvent soit superflu, soit trop étiré, me marquèrent profondément parce qu'ils s'adressaient beaucoup plus à mon imagination pure qu'à mon sens du théâtre : encore une fois, c'est l'âme des personnages que j'apercevais à travers la musique plutôt que leurs déplacements sur une scène à l'intérieur d'une histoire qu'on me racontait. C'était la première fois que j'écoutais un opéra qui se situait dans l'impalpable, au niveau de la philosophie ; j'en avais un peu peur mais j'étais surtout attiré.

Et quand j'arrivais au *Liebestod*, quand cette mort d'amour d'une femme sacrifiée deux fois, d'abord par son pays puis par elle-même, montait dans ma chambre au plafond rouge sang et aux murs couverts d'un papier peint au carreauté écossais agressif — mes amis ne pouvaient pas comprendre que je puisse dormir dans des couleurs aussi criardes ; je me contentais de leur répondre que je ne dormais pas les yeux ouverts —, je fermais les yeux et je me laissais mourir d'amour moi aussi. Pas pour Tristan, que j'ai toujours trouvé un peu benêt, mais pour cet être parfait que j'étais convaincu de rencontrer un jour et qui me rejetterait sûrement. Comment, en effet, rêver à un amour heureux pendant qu'on écoute *Tristan und Isolde*? Et je suis mort comme Yseult autant de fois que j'ai écouté le prélude au premier acte et le fameux *Liebestod.* Après la mort d'Yseult (la mienne), la musique s'éteignait doucement, les flots de la mer de Cornouailles envahissaient tout avec une lenteur que je trouvais insupportable mais délicieuse, habitué que j'étais aux *Notte, notte d'Horror* et autres *Maledizione* de Verdi ; j'avais nettement l'impression de glisser sur le dos, un peu comme Ophélie, mais dans une eau salée et houleuse qui remplissait ma bouche, mon nez, mes oreilles jusqu'à l'étouffement final... Je sortais de là dans un état près de la catatonie, je ne voulais parler à personne, j'errais à travers la maison comme une âme en peine, au grand dam de ma mère qui trouvait que j'en faisais beaucoup.

« Michel, lâche c't'air-là, on dirait que tu viens de doubler ta dixième année ! C'est quand même pas c'te musique plate-là qui te met dans c't'état-là, jamais je croirai ! Ça miaule comme des chats un soir de pleine lune ! »

Je me contentais de lui répondre qu'elle ne comprenait rien, qu'elle n'avait aucune sensibilité (quelle horreur, mon Dieu, faut-tu être bête !).

« J'en comprends ben plus que tu penses, mon p'tit gars, assez en tout cas pour savoir que c'te musique-là, si a' te rend malade à ce point-là, faut qu'a' sorte d'icitte. Pis vite ! Excite-toé avec Elvis Presley, un peu, ça va te faire du bien ! Va danser ! Tes amis vont danser, eux autres ! Fais comme eux autres, brasse-toé un peu, viarge, au lieu de rester effouerré à écouter des fous hurler pendant des heures de temps sans jamais reprendre leur respir ! »

Je lançais vers le plafond des yeux exaspérés qui la mettaient encore plus en maudit.

« Fais-moé pas c't'air-là en plus ! C'est le mois de juillet, y fait beau, va te promener, un peu, là... »

Elle hésitait, puis ajoutait :

« Mais reviens pas à deux heures du matin, comme l'aut'soir, par exemple... T'as seize ans, t'as de l'argent, tu peux faire c'que tu veux mais après minuit, c'est moi le boss ici-dedans ! »

Je retournais au *Liebestod* sans même lui répondre et je l'entendais téléphoner à une de mes tantes ou à ma belle-sœur Monique pour se plaindre de mes agissements.

« C't'enfant-là est malade ! Quoi ? Je le sais que c'est pus un enfant mais justement, faudrait qu'y'apprenne à agir comme un homme, un peu ! Ben non, y'est pas en amour ! Y me le dirait ! »

J'avais remisé mes autres opéras sur la tablette du bas de ma bibliothèque et posé *Tristan und Isolde* bien en vue sur mon tourne-disque. Je regardais l'illustration de la couverture pendant des heures (je m'en souviens encore parfaitement, je pourrais la décrire dans ses moindres détails).

La semaine s'acheva dans un mélange de bonheur musical et de complaisance malsaine dans l'apitoiement de moi-même. Wagner me faisait souffrir et j'aimais ça.

Puis vint le jour fatidique où je devais remettre l'album.

* * *

J'espérai toute la journée qu'il avait oublié mon numéro de téléphone ou alors qu'il avait décidé de me faire un cadeau même si notre partie de jambes en l'air n'avait pas été mémorable. Au fur et à mesure que les heures s'écoulaient, mon espoir grandissait, et à l'heure du souper je crus être l'heureux propriétaire d'un bel album d'opéra de cinq disques ! Je projetais déjà d'acheter *Le Vaisseau fantôme*, puis *Lohengrin*, et tous les autres opéras de Wagner, de me ruiner, s'il le fallait, pour passer à travers toute son œuvre !

Au beau milieu du repas du soir — je me souviens encore que c'était un steak que ma mère avait subtilement délicatisé à grands coups de couteau à viande avant de le saisir à la poêle —, le téléphone sonna et je crus que c'était Réal qui m'appelait.

C'est ma mère qui répondit.

Aux premières paroles qu'elle entendit, elle blanchit et je crus que quelqu'un venait de mourir.

« Qu'est-ce qu'y'a, moman ? »

Elle se contenta de dire : « Un instant, s'il vous plaît », et me tendit l'appareil. « C'est pour toi. »

Le regard que nous échangeâmes alors faillit me tuer sur place. Il fut très court, peut-être cinq ou six secondes, mais une onde électrique d'une très grande intensité eut le temps de passer entre nous. Ce fut l'un des regards de reproche les plus intenses que j'eus à subir de toute ma vie.

Elle l'avait reconnu. Elle avait tout compris. Quelque part, au fond d'elle-même, un petit quelque chose ou une très grande partie de son âme, je ne l'ai jamais su, venait de s'effondrer en réalisant que son fils était en train d'expérimenter, de vivre un de ses propres fantasmes.

J'ai été discret, froid et succinct, le temps de prendre rendez-vous et de dire au revoir.

Elle ne m'en a jamais reparlé. On ne parlait pas de ces choses-là à sa mère, en mil neuf cent cinquante-huit. Mais pendant tout cet été-là nos rapports furent non pas froids, maman était incapable de froideur, mais, disons, réservés. Il fallait l'un et l'autre remplir ce silence obligatoire entre nous, ce trou que notre société obscurantiste avait creusé et qui n'était pas près de se remplir ; c'était un travail très difficile, qui demandait de l'imagination pour dire des choses, de part et d'autre, sans qu'elles aient un double sens et meubler des repas d'une grande tristesse pendant lesquels elle et moi avions envie de pleurer. Moi de culpabilité parce que ce gars-là ne m'intéressait pas du tout, elle de... eh oui, de défaitisme !

* * *

J'ai revu cet acteur-là en 1983, alors que je faisais des recherches pour un livre. Je l'avais contacté parce que je voulais l'interroger au sujet du théâtre à Montréal dans les années quarante, au moment où il était une très grande vedette. Je me suis permis de lui raconter l'anecdote de *Tristan und Isolde* et de son importance dans ma vie d'adolescent. Il ne se souvenait de rien. Cet album était pourtant le seul qu'il avait possédé à l'époque, il aurait au moins pu se rappeler qu'il l'avait prêté à quelqu'un, qu'il avait un jour joué les Pygmalion ! Pas du tout. Il ne se souvenait ni d'avoir prêté ces disques, ni, surtout, de moi ! Belle leçon de modestie !

Nous n'avions vraiment pas été les partenaires idéaux mais, et j'en suis encore infiniment reconnaissant à cet acteur, cette aventure m'avait fait découvrir l'un des plus grands héros de ma vie (pas l'homme, le musicien) !

LE HOCKEY

Quand je revenais de l'école, vers quatre heures et demie, ma mère avait souvent un petit creux. « Michel, mon trésor, irais-tu m'acheter un beau smoked meat, au Three Minute Lunch ? »

J'avais beau lui dire que nous mangerions dans à peine plus d'une heure, que ça gâcherait son appétit (on peut vraiment appeler ça inverser les rôles : j'étais la maman, elle l'enfant gâtée), elle ne voulait rien entendre. Elle prenait un air de martyre, portait la main à son cœur comme si je venais de lui apprendre un accident tragique ou la mort de quelqu'un.

« Écoute, j'ai pas mangé à midi, j'sais que j'pourrai pas me rendre jusqu'au souper, pis j'ai pas envie de perdre sans connaissance en vous préparant à manger parce que j'vas être trop faible ! »

Je l'avais très bien vue dévorer un sandwich aux œufs ou des petits capuchons de baloney (la chose la plus grasse de tout le répertoire de ma mère : des tranches de baloney poêlées qui rissolent dans leur propre suint !) en écoutant *Jeunesse dorée* ou *Rue principale* à la radio, mais je savais qu'il était inutile d'essayer de la raisonner et je traversais la rue Mont-Royal en courant pour me rendre au Three Minute Lunch.

Je passais inévitablement devant l'une des tavernes où mon père et ses deux frères, Fernand et Gérard, avaient rebâti le monde pendant toute leur vie en ingurgitant une astronomique quantité de bière en bouteille, des grosses Mol tablette auxquelles ils ajoutaient une pincée de sel et qui laissaient sur les tables de marbre des traces liquides en forme de rond qui semblaient ne jamais vouloir sécher. Quand un client trop paqueté, à la fin d'une beuverie particulièrement bien arrosée, pensait que le waiter voulait le voler et lui charger des bières qu'ils n'avait pas bues, ce dernier se contentait de lui dire :

« Compte tes ronds, tabarnac, tu vas ben voir que j'ai raison ! »

Mon père n'avait pas le droit de faire entrer de la bière dans la maison, c'était une règle que ma mère avait imposée au début de leur mariage et qu'il n'avait même jamais pensé d'essayer de contourner tant elle était impérative : pas de boisson dans la maison sauf dans le temps des fêtes ; si tu veux boire, tu fais ça dehors !

Avant, quand nous habitions tous l'appartement de la rue Fabre — ma grand-mère paternelle avec ses deux fils célibataires, les ineffables Fernand et Gérard, le plus vieux et le plus jeune de ses enfants, tous deux alcooliques et fainéants ; mon père avec sa femme et ses trois fils ; ma tante Robertine avec ma cousine Hélène, mon cousin Claude et mon oncle Lucien, rarement présent et toujours paqueté lui aussi —, les hommes de la maison fréquentaient la taverne Normand, au coin de Mont-Royal et Fabre. Depuis notre déménagement sur Cartier et la disparition de mon parrain Lucien, mon père avait adopté cette taverne-là et ses deux frères, Fernand qui était allé à la guerre et qui n'en était jamais « revenu » et Gérard, le bébé, le plus gâté, qui prétendait être peintre en bâtiment mais qui, selon ma mère, n'avait jamais rien peinturé d'autre que les planchers de taverne et celui de notre propre salle de bains avec ses vomissements, s'étaient loué des chambres sur la rue Papineau et l'avaient suivi dans ses nouveaux quartiers comme des queues de veau.

Il m'arrivait de ralentir en passant devant la porte de la taverne, même si l'odeur de fermentation qui s'en échappait, par des ventilateurs bruyants, m'écœureait. L'été, je me tordais un peu le cou pour essayer d'apercevoir mon père ; l'hiver, je poussais la porte, entrais dans le vestibule, me mettais le nez dans la deuxième, verticale à la première. C'était tumultueux, chaud, ça sentait l'homme qui sue et le houblon mal digéré ; ça représentait l'homme dans toute sa splendeur, en fait, ce que notre société voulait de lui, ce qu'elle en avait fait, et ça me faisait peur. Je me voyais à l'âge de mon père, installé à la même place que lui, pérorant stérilement sur des sujets que je ne comprenais pas, et je me disais : jamais, la bière, jamais !

Quand il était là, papa trônait au milieu d'une gang de soûlons qui l'écoutaient à peine ou pas du tout, à moitié écrasés sur la fraîcheur des tables, une cigarette leur brûlant presque les lèvres ; aucun d'eux n'avait les yeux en face des trous, quelques-uns dormaient même franchement, la joue posée sur les ronds d'eau des grosses Mol qui tiédissaient. Mes deux oncles flanquaient mon père comme les deux larrons, fiers de leur rôle de faire-valoir, de supporters, paquetés aux as et ridicules. Mon père parlait, fort et bien, se faisant croire qu'on l'écoutait alors qu'on était là uniquement pour boire à ses frais. Il s'adressait autant à ceux qui dormaient qu'à ceux, flagorneurs sans orgueil, qui faisaient semblant de l'écouter ; il avait le geste généreux, la parole facile, l'argument dévastateur. C'était un orateur de taverne qui payait son auditoire. C'était triste, j'avoue que j'avais un peu honte, mais il avait tellement l'air heureux.

De temps en temps, l'un des buveurs lui criait pour qu'il l'entende bien :

« Tu devrais te présenter aux prochaines élections, Armand, tu serais sûr d'être élu, tu parles trop ben ! »

Quelles élections ? Municipales ? Provinciales ? Fédérales ? Ils ne le savaient pas, ils parlaient pour parler, ils parlaient pour que d'autres grosses Mol surgissent sur les tables, c'était bassement intéressé, du lichage de cul pour se procurer du lichage de bière, c'était gros comme le bras mais mon père se rengorgeait, rouge de plaisir, jetait autour de la taverne un regard triomphant, déjà élu maire ou premier ministre. Je l'aimais à la folie, alors, pitoyable et impérial qu'il était, et j'aurais battu quiconque aurait osé le critiquer.

S'il lui arrivait de m'apercevoir, il criait :

« Tiens, v'là mon bâton de vieillesse ! Viens, Michel, viens que j'te présente à mes amis ! »

Il m'avait déjà présenté à ses « amis » des dizaines de fois, il ne se le rappelait pas et eux non plus. Si j'en avais le courage, j'entrais, je le laissais faire, j'écoutais les inévitables : « T'es ben vieux, Armand, pour avoir un flot de c't'âge-là ! », ou bien : « Y'est pas mal feluette, ton gars, t'en feras pas un joueur de hockey avec, certain ! », en souriant le plus naturellement possible. Je subissais les poignées de mains molles, moites, ou les deux à la fois, les tapes sur les fesses, parfois, qui me faisaient me raidir de confusion. Si je n'avais pas le goût ou la patience, je faisais semblant que je ne l'avais pas entendu et je repartais d'un bon pas vers le restaurant.

Mon père travaillait souvent le soir, de cinq heures à une heure du matin ; il dormait donc jusqu'à midi, mangeait et partait « faire une promenade » qui se terminait immanquablement par une petite visite à la taverne. Il buvait quelques bières additionnées de sel, pérorait, réglait le sort de l'humanité puis partait travailler après que ma mère lui eut donné une énorme cuillerée de lait de magnésie Philips qu'il avalait en faisant la grimace. Je ne l'ai jamais vu le prendre lui-même et le cérémonial qui entourait ce médicament était assez fascinant. Il était cinq heures et demie, il était pressé, papa mettait son manteau, son chapeau, ses chaloupes, l'hiver, parce qu'il a toujours refusé de porter des bottes. Il embrassait maman sur la bouche en se penchant parce qu'elle était beaucoup plus petite que lui (il mesurait plus de six pieds, elle à peine cinq). C'est à ce moment-là que maman sortait de la poche de son vaste tablier la bouteille bleu pâle à étiquette blanche et noire. Papa commençait déjà à faire la grimace, elle souriait, disait en « chuchotant fort » :

« Si tu le prends pas, tu vas encore dire demain que t'as eu de la misère à finir ta nuitte tellement ça te brûlait ! »

Il fermait les yeux comme un enfant, ouvrait la bouche. Quand elle était particulièrement de bonne humeur, elle lui disait en riant :

« Ouvre le garage pour moman, ouvre le garage... »

Après avoir avalé avec des frissons, il disait toujours la même chose :

« Maudit que c'est méchant ! Merci, Nana ! »

Et il partait travailler.

Ce jour-là, il faisait tempête. Un pied de neige était déjà tombé et on en annonçait encore un bon six pouces. Le début de mars nous avait fait croire que le printemps était venu, mais ma mère nous avait encore rabâché la sempiternelle histoire de la marmotte qui n'avait pas vu son ombre le 2 février, histoire à laquelle je n'ai jamais rien compris et qui me plonge encore dans la perplexité chaque fois qu'on la ressert, au beau milieu de l'hiver, probablement pour nous faire patienter au moment le plus pénible de l'année. La marmotte avait donc encore eu raison cette année-là puisque le printemps tant attendu tardait dangereusement pour notre santé mentale à tous : tout le monde à Montréal était de mauvaise humeur, les écoles stagnaient dans la paresse pré-pascale, les parents, ma mère surtout, étaient particulièrment difficiles à supporter et malicieusement obstinés à nous faire obéir coûte que coûte. Et ça coûtait cher : j'avais déjà à mon crédit une semaine de punition sans sortir et deux séances de cinéma coupées sans possibilité de rémission.

La poudrerie était tellement violente que je n'avais pas pris la peine d'aller jeter un coup d'œil à la taverne ; j'avais hâte de revenir à la chaleur de la maison, à l'odeur de soupe aux tomates et petits coudes, à *La Boîte à surprises* qui allait commencer d'une minute à l'autre à la télévision.

Au restaurant, je détestais regarder le cuisinier couper le smoked meat : la grande fourchette bifide, la vapeur qui s'échappait de la cuvette quand il en soulevait le couvercle, le geste qu'il faisait pour bien piquer l'énorme quartier de viande fumant, le coup de poignet professionnel et précis qu'il donnait pour trancher, le grincement, métal contre métal, du couteau qui frôlait la fourchette, les tranches qui tombaient l'une sur l'autre et qu'il soulevait du plat de son large instrument pour les poser sur les deux morceaux de ce rye bread grisâtre que je trouvais si laid... J'avais pourtant vu les femmes de la maison — ma grand-mère, ma mère, ma tante Robertine, mes cousines — couper de la viande des centaines de fois, les poulets et les dindes qu'elles dépeçaient avec tant d'ardeur, le veau qu'elles tranchaient épais, le roast beef presque cru (ma mère : « Le roast beef, y faut que ça palpite encore dans l'assiette ! C'est le sang qui nous redonne des forces ! ») qu'elles arrosaient ensuite de leur fameuse sauce au thé... Mais jamais leurs gestes ne m'avaient semblé barbares ou menaçants, alors que là, le nez collé au comptoir de verre humide de vapeur, ceux du boucher me terrifiaient ; j'avais l'impression qu'il découpait quelqu'un, qu'il me découpait moi après m'avoir fait macérer dans le poivre et le genièvre et cuit dans ma propre vapeur pendant des heures. Il m'arrivait même de me sentir faible, d'être obligé d'aller m'asseoir sur l'un des bancs ronds devant le long comptoir où officiait la vieille Carmelle, la waitress la plus fine et la plus drôle du monde.

« Tu te sens encore mal, pauv'toé ?

— Ben oui, c'tu insignifiant, hein ?

— Veux-tu un p'tit coke ?

— J'ai pas d'argent...

— Ça fait rien, ma tante va s'en occuper... »

Quand il avait terminé le sandwich, le cuisinier l'enveloppait dans un papier ciré et disait avec un accent de provenance indéfinie :

« Une sandwich pour la madame Tremblay... »

Comment savait-il que j'étais le fils d'une madame Tremblay et que ce sandwich lui était destiné ? Je ne l'ai jamais su. Il faut dire que je ne l'ai jamais demandé non plus tant ce grand homme poilu me faisait peur avec son couteau et sa cuvette de viande fumante. En sortant du Three Minute Lunch, cet après-midi-là, j'avais mis le smoked meat dans ma poche de parka pour l'empêcher de refroidir et je marchais tête baissée contre la bourrasque lorsqu'une main me prit par le capuchon.

« Tu reconnais pus ton père ? »

C'était lui, en effet, flanqué de ses inévitables frères, un peu trop gai — il n'avait pas travaillé, cette semaine-là, et s'était beaucoup trop consolé à la taverne au goût de ma mère — mais assez comique dans ses petites chaloupes de caoutchouc qui ne le protégeaient pas du tout contre la neige.

« J't'avais pas vu...

— J'comprends, tu marchais quasiment à quatre pattes comme un p'tit chien ! »

Ses deux frères qui rient trop ; j'ai envie de leur donner une bonne poussée pour les voir s'étaler dans la neige, peut-être même sous les roues d'un tramway. Pour ma mère, et j'endosse complètement sa version, ils sont coupables de ces visites trop fréquentes de papa à la taverne ; ce sont eux qui lui donnent rendez-vous, qui le sucent du peu d'argent qu'il possède et qui l'encouragent à trop boire.

Mon père me soulève tout d'un coup comme quand j'étais tout petit et qu'on jouait à « poche de patates à vendre ». Je pense immédiatement au pauvre sandwich de ma mère qui vient sûrement de s'écraser comme une galette en répandant sa moutarde partout dans ma poche et je me mets à gigoter.

« Gigote pas comme ça, Michel, j'ai une belle surprise pour toé, en arrivant à la maison ! »

J'arrête illico mes contorsions. J'ai dix ou onze ans et les surprises ont encore un effet immédiat sur moi. Fernand, tout rouge, et Gérard, édenté à faire peur, rient encore plus en titubant dans leurs grosses bottes fourrées qu'ils ont tous les deux oublié de lacer, épais qu'ils sont. J'espère quand même qu'ils ne sont pas impliqués dans cette fameuse surprise !

* * *

Papa avait invité ses deux frères à souper ; maman lui avait fait de gros yeux, leur avait battu froid à tous trois, garrochant quasiment les assiettes sur la table — quand même remplie de délicieuses choses, réputation oblige —, parfaite incarnation du reproche vivant et fière de sa performance : après tout, ne venait-elle pas de surcroît de perdre un délicieux sandwich rendu incomestible («Si j'veux manger d'la fricassée au smoked meat, m'as m'en faire ! Va me mettre ça dans les vidanges !») par les tiraillages intempestifs de mon père ?

Moi, j'attendais ma surprise.

Qui vint tard et s'avéra n'être qu'un pétard mouillé. Et pas n'importe quel pétard mouillé !

Pendant tout le repas, je me tortillais sur ma chaise, je posais des questions, je criais de rage quand mon père faisait semblant de vouloir me dévoiler son secret puis jouait celui qui se ravise au dernier moment ; Fernand et Gérard continuaient à être hilares et ridicules ; je les aurais tués tous les trois (peut-être pas mon père, après tout, à cause, bien sûr, de la surprise...). J'avais mangé trop vite et le pâté chinois allait, je le sentais, me rester pogné en dessous des bras pour le reste de la soirée...

Sa bouche bien essuyée après sa dernière bouchée de gâteau marbré et sa dernière gorgée de café avalées, papa sortit de sa poche de chemise deux petits cartons rectangulaires qu'il brandit comme s'ils avaient été le Saint Graal lui-même en personne. Je crus d'abord que c'étaient des billets de théâtre et j'en fus plus qu'étonné, mon père détestant tout ce qui touchait cet art de dégénérés.

« Demain, mon boy, j't'emmène au hockey ! »

Je crus à une plaisanterie, ou alors qu'il avait plus bu qu'il ne le paraissait.

Ce n'était pas moi qui étais fou du hockey, c'était mon frère Jacques ! Il y avait erreur sur la personne ! Il n'y avait pas de surprise du tout ! J'aurais pleuré. Mais j'étais un grand garçon et je devais comprendre que les promesses d'un père paqueté ne sont pas toujours celles qu'on espérerait ! Je me contentai de baisser la tête dans mon restant de gâteau.

Papa s'attendait probablement à une explosion de joie mais ne voyant rien venir, il resta le bras levé pendant de longues secondes.

« T'as l'air désappointé ! »

Maman était en train de desservir. Elle lui tapa sur l'épaule pour qu'il la regarde pendant qu'elle parlait.

« Y'aime pas ça, le hockey, Armand !

— Comment c'est qu'y peut savoir qu'y'aime pas ça, y y'a jamais été ! »

Ma déception fut remplacée par une terrible appréhension. Et s'il avait *vraiment* l'intention de m'emmener assister à une partie de hockey ? Pas moi ! Pitié !

Ma mère continuait, faussement patiente. Elle pensait sûrement à l'argent qu'il avait dû débourser pour cette cause perdue d'avance, et elle fulminait. Maudite boisson !

« Y le regarde jamais avec vous autres, le samedi soir, parce qu'y trouve ça plate pour mourir la bouche ouverte !

— C'est parce qu'y'en a jamais vu une vraie ! Quand y va avoir tout vu ça, là, le Forum, pis le monde qui crisent, pis les hot dogs, pis l'atmosphère qu'y'a là-dedans, là, y pourra pus jamais s'en passer, chus sûr de t'ça !

— Emmène donc Jacques avec toi...

— C'est pas Jacques que j'veux emmener, c'est lui ! C'tà son tour, à lui ! »

Je lui tapai doucement sur le bras.

« J'peux passer mon tour, t'sais... Une autre fois, peut-être, mais là...

— Y'a pas de ci ni ça, mon p'tit gars, c'est à ton tour d'aller au hockey avec ton père, pis tu vas aller au hockey avec ton père ! Y'a toujours ben des limites ! C't'un cadeau, pis un cadeau c'est supposé de faire plaisir, Christ ! »

Fernand et Gérard acquiesçaient comme deux jouets en plastique avec la tête montée sur un ressort et qui font toujours signe que oui.

Ma mère, en désespoir de cause, approcha son nez très près de celui de son Armand.

« Premièrement, tu sacreras pas dans ma maison, pis deuxièmement, Michel est en punition ! Y'est pas question qu'y sorte d'icitte sans ma permission ! »

Pour une fois dans ma vie, une punition me semblait la plus belle chose du monde !

193

Mon père se leva aussitôt, royal même s'il titubait un peu.

« Mon fils, ma femme, je déclare congé de punition pour à soir ! Vous vous arrangerez entre vous demain... En attendant, on sort entre hommes ! »

J'étais prisonnier. Après tout, c'était ridicule de décevoir mon père qui voulait bien faire et, sous le regard plus qu'étonné de ma mère, j'ai répondu un tout petit « Okay, d'abord... » qui fut accueilli par les trois hommes comme si j'avais fait montre d'un enthousiasme délirant.

* * *

La tempête avait eu le temps de se résorber ; la neige était étendue de tout son long sur la ville et l'étouffait. L'air était froid, sec ; la voix portait loin, comme à la campagne. (Je n'étais jamais allé à la campagne l'hiver mais mes frères m'avaient expliqué que le son de la voix voyageait plus vite, qu'on entendait absolument tout clairement un mille à la ronde, même le pet d'un lapin, et ça m'était resté dans la tête comme une grande vérité de la physique.)

En ce soir fatidique, mon père et moi avions pris le tramway 52 qui allait disparaître peu de temps après dans le grand remue-ménage des transports en commun à Montréal ; il nous avait amenés tout droit au Forum sans que nous ayons à faire quelque correspondance : il avait pris Mont-Royal jusqu'à Saint-Laurent, avait tourné à gauche, descendu vers Sainte-Catherine qu'il avait empruntée ensuite vers l'ouest jusqu'à Atwater. C'était une balade de plus d'une heure qui, d'habitude, me ravissait mais qui, cette fois, m'avait plutôt déprimé.

Dire que je détestais le hockey serait faible ; je haïssais tellement ce sport-là que le seul fait d'entendre le son de la télévision, le samedi soir entre neuf et dix heures pour les parties des Canadiens de Montréal et le dimanche après-midi entre trois et quatre pour celles des Royaux de Québec, m'angoissait à un point inimaginable. Il fallait que je sorte, ou alors que je m'enferme dans ma chambre avec le son de mon tourne-disque poussé au bout. Maman voguait entre la salle à manger et ma chambre pour essayer qu'un des deux, de mon père ou de moi, condescende à faire un compromis : elle avait la voix de René Lecavalier dans une oreille et celle de Maria Callas dans l'autre, pauvre femme ! (Comme beaucoup de Québécois de cette époque, mon père venait à peine d'adopter la voix de René Lecavalier ; jusqu'à l'année précédente, habitué depuis toujours à celle de Michel Normandin à la radio, il avait coupé le son de notre poste Admiral pour écouter sa partie de hockey à la radio pendant qu'il la regardait à la télévision !) Je finissais par mettre mes bottes, mon parka, ma tuque et quitter la maison en claquant la porte pour aller rejoindre ceux qui comme moi ne supportaient pas ce sport. Heureusement, nous étions plusieurs dans ma gang et nous nous retrouvions pour faire une promenade, le samedi soir, ou aller visiter Radio-Canada, le dimanche après-midi, pour voir les décors de l'émission de Michelle Tisseyre ou ceux du téléthéâtre que nous allions regarder le soir même. (Ça faisait drôle de voir en couleurs ce que nous verrions en noir et blanc quelques heures plus tard.) Les guides de Radio-Canada avaient d'ailleurs fini par nous reconnaître et nous observaient avec un air soupçonneux, comme si nous avions l'air de préparer un grand coup, genre *the great train robbery* ! Nous n'allions quand même pas enlever Michelle Tisseyre !

Je n'avais donc jamais assisté à une seule partie de hockey de ma vie et j'étais en chemin pour le Forum ! Pas moyen de m'échapper, je le savais, j'allais rester enfermé là pendant trois heures bien comptées, à regarder des adultes responsables courir sur des patins à glace derrière une rondelle en caoutchouc, en se donnant des jambettes, des coups d'épaule et en se criant des horreurs. Je n'étais pas du tout de mauvaise foi ; je ne comprenais *vraiment* pas l'engouement de toute une nation pour une chose aussi futile ! On avait beau m'expliquer que c'était du grand spectacle, que c'était éminemment « théâtral », que c'était un jeu « scientifique », je ne voyais rien de scientifique, ni d'intelligent, ni de théâtral là-dedans ! J'entendais mon père et mon frère Jacques hurler d'énervement, insulter les joueurs qu'ils n'aimaient pas, déplacer leurs chaises en suivant l'action comme s'ils avaient eux-mêmes été juchés sur des patins, et je ne comprenais pas, eux si brillants, qu'ils se mettent dans de tels états pour un puck et une douzaine de bâtons de bois. (Jacques m'avait dit un jour : « Tu te vois pas, toi, quand don José braille : "Vous pouveeeeez m'arrêêêter, c'est moi qui l'ai tuééééééé ! Ma Carmeeen ! Ma Carmeeeen adoréééééééeuh !" T'as pas plus l'air intelligent que nous autres à la fin d'une partie de hockey ! Chacun sa passion, mon p'tit gars ! » Je n'avais pas insisté et les avais laissés à leur exaltation. Surtout que Jacques était *aussi* un passionné de musique, c'est même lui qui m'y avait initié. Quelque chose me disait, très loin au fond de moi-même, qu'il était beaucoup plus éclectique dans ses goûts et surtout infiniment plus tolérant que moi !)

À cause de la neige mal déblayée comme d'habitude, le tramway mit plus d'une heure trente à se rendre au Forum. Je sentais la nervosité de mon père grandir. Il se collait le nez à la fenêtre à moitié gelée, se penchait dans tous les sens pour essayer de lire un nom de rue.

« On est juste devant chez Woodhouse ! Jamais je croirai qu'on va être en retard ! Pour une fois que j'reste pas effouerré devant la télévision ! »

Quant à moi, on aurait très bien pu arriver après la deuxième période ! Ou pas du tout. Je me mis à rêver qu'une deuxième et *énorme* tempête s'abattait sur Montréal et nous empêchait de nous rendre au Forum...

Une foule compacte, joyeuse, bruyante se pressait à la porte de l'aréna. La partie commencerait un peu plus tard à cause du déblaiement des rues qui n'était pas complété. Mon père en fut soulagé et sa bonne humeur revint.

« Tu comprends, à la télévision y nous montrent juste la troisième période, mais là on va *tout* voir à partir du commencement ! »

Mon Dieu !

Au contraire du public de cinéma que j'avais côtoyé jusque-là, celui du hockey était familier (on s'abordait, on se demandait d'où on venait, on se donnait rendez-vous devant les stands à hot dogs...), agité, excité. Des familles entières couraient vers les toilettes, des couples qui se tenaient par la taille poussaient d'autres couples qui se tenaient par la taille pour se frayer un chemin vers les estrades d'où nous parvenait déjà un brouhaha sourd qui m'inquiétait un peu, des enfants hurlaient : « Quand est-ce que ça va commencer ? » à des pères ravis de leur répondre : « Ben vite ! Ben vite ! Patiente un peu... » Je pensai que mon père et mon frère étaient loin d'être les seuls fous dans la ville de Montréal et je me sentis bien seul dans cette horde déchaînée.

Papa m'offrit un hot dog que je refusai. J'étais bien incapable d'avaler quoi que ce soit ! Il s'en paya un qu'il engloutit en deux bouchées, les joues rouges, les yeux mouillés d'émotion.

« C'est les meilleurs en ville ! Tant que t'as pas goûté à ça, tu sais pas c'est quoi, un hot dog ! »

La foule qui courait vraiment en tous sens m'étourdissait un peu ; j'allai m'appuyer contre une colonne de métal. Un jeune homme qui passait en tirant sa blonde par la main me cria : « Aïe, Samson, ôte-toé de là, tu vas faire tomber le Forum ! » Je me décollai aussitôt de la colonne en regardant vers le plafond et ils s'éloignèrent en riant.

Mon père me prit par la main. La sienne sentait la moutarde. Et nous nous dirigeâmes enfin vers les estrades. Il fallait passer par un long tunnel obscur avant de déboucher sur la patinoire et je n'étais pas du tout préparé à ce qui m'attendait : du noir presque total, nous débouchâmes tout à coup sur un espace immense, froid, bruyant, un colossal bassin ovale surmonté d'un enchevêtrement de poutres de métal où quinze mille personnes hurlaient à se donner des nodules pour le reste de leurs jours. Un vertige me prit, cet espace était trop grand pour moi, je me sentais écrasé, j'étais incapable d'avancer, je bloquais le chemin à ceux qui venaient derrière nous. Mon père me tirait par la main et je tombai par en avant, les deux pieds vissés dans le ciment froid.

« Fais attention, tu vas te faire écraser, c'est dangeureux, icitte ! »

Des joueurs patinaient déjà en rond, à la grande joie des spectateurs qui les connaissaient par leurs noms et leur criaient des choses, sympathiques ou non, indiscernables dans le brouhaha général.

J'avais le cœur dans un étau, les jambes molles, la gorge serrée, mais j'avançais pour ne pas faire honte à mon père comme ce serait le cas si jamais je me laissais aller à « perdre sans connaissance », comme disait ma mère. Papa cherchait nos places quelque part dans les bancs blancs ; pris de vertige, je regardais droit devant moi, submergé dans l'espace trop grand qui s'ouvrait sous mes pieds et le son trop puissant de cette humanité en liesse. J'avais envie de pipi mais rien au monde ne me le ferait avouer !

Je ne repris vraiment mes esprits qu'une fois assis. Nous étions dans un coin et j'avais l'impression, à cause de la courbe des rangs de sièges, que tout était déformé, comme au cinéma quand on veut nous faire peur : la patinoire n'était plus un rectangle mais une espèce de parallélogramme irrégulier que j'apercevais en diagonale et qui provoquait en moi une vague nausée.

Je crois que je ne me suis jamais autant haï qu'à ce moment-là (Dieu sait, pourtant...) : j'étais avec mon père que j'adorais, qui me faisait un cadeau que je savais incommensurable pour lui mais, insignifiant et sans-cœur que j'étais, je me trouvais incapable de l'apprécier ! J'aurais voulu me voir n'importe où, à la messe, à confesse, en retraite fermée, plutôt que là, au Forum de Montréal, à regarder les joueurs se réchauffer avant la partie... La partie ! Trois heures ! Il était juste sept heures et demie et j'en avais pour jusqu'à dix heures et demie (si j'étais chanceux et qu'il n'y avait pas de période supplémentaire !).

Et aussi invraisemblable que ça puisse paraître... je me suis aussitôt endormi ! Comme une poche ! Je suis tombé sur le bras de mon père et j'ai dormi pendant toute la première période. La fuite dans le sommeil dans toute sa splendeur. Quand je me suis réveillé dans les bras de papa, le premier tiers venait de s'achever, des gens passaient devant nous pour aller manger d'autres hot dogs ou se dégourdir les jambes.

Mon père m'embrassa dans le cou.

« Veux-tu qu'on s'en aille ?

— Ben non... Chus ben comme ça...

— Gêne-toé pas, hein, on a le temps de s'en retourner chez nous... pis je regarderai la troisième période à la télévision...

— Ben non, j'vas m'asseoir sur mon banc, ça va être correct... »

Je ne me souviens pas du reste de la partie ; tout ce que je sais c'est que j'ai fait une crise à ma mère en rentrant à la maison, en lui disant que j'avais fait honte à papa, que je n'aurais jamais dû m'endormir, comme ça, que ça se faisait pas, que j'étais pas sortable, que j'étais un mauvais enfant... Je m'étais retenu toute la soirée mais là je savais que mon père ne m'entendait pas et je pouvais enfin exprimer toute ma douleur, mon regret, ma honte.

Quand je retournais voir mon père à la taverne, après cette aventure, il disait à ses amis : « C'est mon plus jeune, mon bâton de vieillesse, le seul être humain qui s'endort au hockey ! » et j'avais envie de le tuer.

L'ENLÈVEMENT AU SÉRAIL

Mon premier soubresaut de nationalisme fut déclenché par la représentation d'un opéra de Mozart. On annonçait au feu Festival de Montréal — nous étions à l'été de 1960 — *L'Enlèvement au sérail* de Mozart, pour quelques soirs seulement. Pierrette Alarie et Léopold Simoneau chanteraient Konstanze et Belmonte, Marguerite Gignac et Jean-Louis Pellerin, fraîchement issus du Conservatoire de musique, seraient Blonde et Pedrillo, et Jan Rubes, un Canadien anglais d'origine européenne, Osmin.

Pierrette et Léopold étaient mes idoles depuis que j'avais acheté le disque, chez Deutsche Grammophon, qui leur vaudrait l'année suivante le prix de l'académie Charles-Cros et sur lequel ils chantaient des airs d'opéras français. Je m'étais pâmé pendant des heures sur sa Leïla à elle et son Nadir à lui (c'était justement ma période Bizet et je découvrais avec délice *Les Pêcheurs de perles*), et j'avais failli rendre tout le monde fou à la maison avec mon insupportable interprétation, poussée à pleins poumons pendant des semaines, de la fameuse romance de Nadir, cheval de bataille de tous les ténors sirupeux, que Léopold Simoneau rendait avec une rare subtilité et une grande intelligence mais que moi je bramais comme un éléphant en rut. Je trempais dans mon bain en hurlant cette immortelle poésie : « Je crois entendre encore, cachée sous les palmiers, sa voix tendre et sonore comme un chant de ramier... » ! Je prenais, très sérieusement, une voix de fausset sûrement exécrable pour n'importe qui d'autre que moi-même et je laissais monter les notes (toutes fausses, je n'ai jamais été capable de lancer une seule note juste) dans la salle de bains en me frottant vigoureusement le dessous de bras ou l'entre-jambe ; dans ma chambre en m'habillant ; sur le balcon, debout bien au centre et les bras levés vers le ciel comme le pape (les passants se tordaient le cou pour voir qui était le fou qui hurlait ainsi et je me faisais croire que je lisais dans leurs regards pourtant foudroyants une admiration sans borne).

J'avais tout lu sur la carrière extraordinaire que les Simoneau poursuivaient en Europe et j'étais très fier d'eux. On disait de lui qu'il était l'un des grands ténors mozartiens du siècle et d'elle qu'elle chantait le répertoire français comme personne, de quoi faire rêver un enfant insignifiant de Montréal qui avait des velléités à l'écriture tout en étant convaincu que rien ne lui arriverait jamais parce qu'il n'était pas « appelé »... Je les imaginais dans les pâtisseries de stuc de l'Opéra de Vienne ou sous le dôme peuplé d'angelots joufflus et de divinités aux costumes pastel du Palais-Garnier, et j'en avais les larmes aux yeux.

Je ne les avais jamais vus sur scène, seulement à la télévision, et je venais tout juste de découvrir cet opéra de Mozart, *L'Enlèvement au sérail,* que je trouvais un peu niaiseux dans son propos mais adorable à cause de la musique, sublime, surtout les deux airs de Constance, le quatuor du dernier acte et la romance de Pedrillo ; j'allai donc, comme d'habitude, m'acheter un billet d'étudiant parmi les mieux placés et j'attendis avec beaucoup d'excitation que commence le Festival de Montréal.

Puis je les vis arriver tous les deux, un soir, à une émission de télévision ; c'était, je crois, Michelle Tisseyre qui les interviewait. Elle était splendide, il était gracieux ; je buvais leurs paroles comme un nectar des dieux... jusqu'à ce que l'un des deux nous dise en toute candeur qu'ils allaient chanter en allemand (une convention normale à l'opéra) mais jouer les dialogues en anglais parce que Jan Rubes, *from somewhere in Canada* via la Yougoslavie ou la Hongrie, ne parlait pas français ! Je restai interdit devant l'écran. C'était dit sur un ton de conversation tout à fait anodin, il ne semblait pas y avoir de problème, ça allait de soi...

Mais pas du tout ! Il y avait quatre Canadiens français (on ne disait pas encore Québécois) et un Canadien anglais dans la distribution, et tout ce beau monde parlerait anglais, à Montréal, deuxième ville française du monde, à cause de *lui* ! J'étais enragé.

« Qu'y fassent tout en allemand pis qu'on en parle pus ! Si y sont capables de chanter l'allemand, y sont capables de le parler aussi ! De toute façon, le texte de *L'Enlèvement au sérail* est ridicule, on est pas obligé de tout comprendre ! C'est même mieux qu'on comprenne pas ! Pourquoi se donner la peine de traduire un texte si c'est pas pour le jouer dans la langue du public à qui on s'adresse ? Par politesse pour un chanteur ? »

Je fulminais sous l'œil quelque peu étonné de ma mère qui n'était pas habituée à me voir injurier directement la télévision. Je continuais à hurler (ma voix de fausset était bien loin ; l'île Maurice, Leïla et sa voix tendre et sonore aussi) :

« Y'auraient-tu fait la même chose, à Toronto, tu penses, pour Pierrette Alarie ou ben Léopold Simoneau ? Y joueraient-tu des dialogues de Mozart en français pour leur faire plaisir, pour les *respecter* ? Voyons donc ! Y'a ben rien que nous autres d'assez niaiseux pour faire ça ! »

Le ridicule, l'absurdité de la chose me semblaient tellement évidents que j'eus de la difficulté à écouter l'interview jusqu'au bout. Comment ces trois personnes-là pouvaient-elles continuer à jaser comme si de rien n'était après avoir fait une déclaration aussi terrible ? Puis je me suis rendu compte que les deux chanteurs ne savaient probablement pas à quel point ce qu'ils venaient de dire était épouvantable parce qu'ils étaient partis d'ici depuis trop longtemps et qu'ils s'étaient habitués à ce genre de compromis à travers les distributions internationales si fréquentes à l'opéra...

Mais moi j'étais encore ici, dans ma ville, je ne faisais pas carrière en Europe, j'étais profondément insulté et il fallait que je fasse quelque chose. Mais quoi ? Mon cœur était déchiré entre l'idolâtrie que je vouais aux époux Simoneau et l'énormité qu'ils venaient d'émettre et que je me sentais le devoir de dénoncer. Je n'allais tout de même pas me rendre à la Comédie-Canadienne pour leur crier des bêtises en plein spectacle, j'en étais incapable, jamais je n'aurais osé les interrompre dans la pratique de leur art ni, surtout, malmener Mozart...

Mais alors quoi ? Ne pas m'y rendre, tout simplement, manquer le spectacle, sacrifier mon propre plaisir, me punir moi-même ? Je lançai un soupir qui arrêta ma mère au milieu de la mastication d'un gros Oh Henry.

« R'viens-en un peu, Michel, c'est pas si grave que ça !

— Comment ça, c'est pas si grave que ça ! Y viennent directement de Vienne pour rire de nous autres en pleine face, pis tu trouves pas ça grave...

— Y nous rient pas en pleine face, voyons donc, y veulent juste rendre service au chanteur qui parle pas le français...

— Bon, okay, c'est correct, y nous rient pas en pleine face parce qu'y savent pas c'qu'y font mais c'est pas une raison pour pas leur faire savoir !

— T'as pas envie de faire une folie, là, toujours ? »

Prise de panique, elle avait reposé la tablette de chocolat, chose qu'elle ne faisait jamais ; quand elle déposait le papier sur la table, il était *toujours* vide !

« Arrange-toi pas pour te retrouver en prison, là, parce que j'irai certainement pas te chercher !

— Si j'avais du courage, moman, c'est ça que je ferais, une folie ! Une belle grosse folie... Mais j'vas me contenter de protester en allant reporter mon billet... C'est peut-être pas grand-chose, j'vas être le seul à connaître mon geste mais ça va être mieux que rien... Je suppose, que ça va être mieux que rien... »

Mieux que rien ! Encore se contenter de mieux que rien ! Quelle horreur !

Maman avait repris son chocolat.

« T'es si convaincu que ça d'avoir raison ?

— Moman, si j'tais pas convaincu, j'le f'rais pas !

— Réponds-moi pas de même ! J't'ai juste posé une question, c'est pas nécessaire de me mordre !

— Écoute, y viennent de dire une monstruosité pis toé, tu... tu continues à manger ton chocolat comme si rien s'tait passé ! »

207

Elle frappa sur la table du plat de la main comme quand j'étais petit, qu'elle trouvait que je me défendais trop bien et qu'elle voulait me faire taire.

« Juge-moi pas ! Que c'est que tu veux que je fasse, hein ? Que j'les appelle ? Que j'aille les voir dans leur hôtel chic ? "Pourriez-vous dire à madame Alarie et à monsieur Simoneau que madame Tremblay de la rue Cartier veut leur crier des bêtises !" Hein ? Y vont m'envoyer promener ! La bonne femme de quasiment soixante ans qui est pas contente de c'qu'y'ont dit à la télévision pis qui se mêle d'aller leur crier des bêtises par la tête ! Voyons donc ! Que c'est que tu veux faire contre c'te monde-là ? Penses-tu qu'y vont m'écouter ? Y passent leur vie à voyager partout dans le monde pis à gagner des fortunes en s'égosillant pis moé chus restée enfermée ici toute ma vie ! Y vont me dire que je connais rien pis y vont m'arrêter ! C'est moi qu'y vont mettre en prison ! Pis toi tu vas encore critiquer parce qu'y'aura rien pour le souper sur la table demain soir parce que t'es trop sans cœur pour apprendre à faire à manger ! Tu vas avoir oublié c't'histoire-là, là, pis tu vas vouloir avoir ton souper ! »

Quoi répondre ? Son sens du drame l'avait menée dans ces avenues qu'elle empruntait volontiers quand elle était à bout d'arguments ; elle se voyait en prison en sachant très bien que c'était ridicule, s'y complaisait, et rien de ce que je pourrais ajouter pour ma défense ne la ferait changer d'idée. Je me suis levé de table comme on le faisait toujours dans la famille quand on voulait mettre fin à une discussion qui s'éternisait, et je suis allé faire une promenade.

* * *

C'est donc le cœur en lambeaux que je pris l'autobus, le lendemain après-midi, pour aller rendre mon billet pour *L'Enlèvement au sérail* joué en deux langues dans ma propre ville, mais pas la mienne.

* * *

« Ah, non, on remet pas l'argent. Y faudrait que vous veniez avant le spectacle pour essayer de le vendre à quelqu'un qu'y'en a pas...

— J'veux pas venir ici avant le spectacle, mademoiselle, c'est une question de principe...

— C'est pas mon problème, ça, monsieur. Tout c'que j'sais c'est que j'ai pas le droit de remettre l'argent. Surtout pour un billet d'étudiant ! Y vous a quasiment rien coûté !

— C'est justement, si c'est si peu d'argent que ça, vous pourriez me le remettre sans que ça mette l'existence du Festival de Montréal en péril, y me semble !

— Insistez pas, ça sert à rien, pis essayez pas de faire votre comique ! J'vous remettrai pas votre argent parce que j'ai pas le droit, un point c'est tout ! »

Comme j'étais seul devant la caisse (je me dis méchamment que c'était peut-être pour ça qu'ils ne voulaient pas me rendre mon argent : c'était tout ce qu'ils avaient fait jusque-là avec cette production !), je décidai de tout lui raconter.

Elle me regardait avec de grands yeux ronds même pas amusés et surtout pas intéressés et ne dit rien quand j'eus fini mon récit.

J'étais furieux.

« Vous dites rien ?

— Qu'est-ce que vous voulez que je vous dise ? Que vous avez raison ?

— Ben certain !

— Voyons donc ! Qui c'est, vous pensez, qui vient acheter des billets pour ce spectacle-là ? Hein ? Les Anglais ! J'vends dix billets à des Anglais pour un à un Français comme vous ! C'est les Anglais qui vont à l'opéra pis aux concerts symphoniques, à Montréal, tout le monde sait ça depuis toujours à part vous, ça a ben l'air ! Pis à part de ça, arrêtez-vous pas à des folies comme ça, vous allez vous rendre malade pour rien ! La musique, ça a pas de langue, vous saurez !»

L'éternel et imbécile argument. Je le savais que la musique n'avait pas de langue, mais à l'opéra les *mots* étaient utilisés, ils avaient quand même leur importance, non ? L'opéra, ça faisait partie de la musique, non ? Et les mots qu'on allait utiliser sur la scène de la Comédie-Canadienne faisaient bien partie d'un opéra, non ?

Elle m'interrompit après un soupir d'exaspération ; elle trouvait probablement que je tournais en rond.

« Comprenez-vous l'anglais, vous ?

— Ben oui, assez...

— Pis vous aimeriez mieux pas comprendre pantoute c'qui va se dire là-dedans ? Vous êtes drôle, vous ! De toute façon, si y'a cinquante Français dans la salle, ça va être beau... »

La discussion était close, elle se replongea dans la lecture de son roman.

Cul-de-sac et totale désillusion. Non seulement allaient-ils jouer en anglais à cause de la présence d'un Canadien anglais dans la distribution, mais je venais de me faire dire qu'ils avaient raison parce que, de toute façon, les miens ne se donneraient même pas la peine de se déplacer pour assister à ce spectacle !

Je venais donc, sans le savoir, sans le vouloir, d'entrer dans une minorité, une espèce de club privé très sélect, les amateurs d'opéra de Montréal, tous anglais ?

J'avais beaucoup de difficulté à le croire et je décidai d'aller vérifier sur place ; je garderais mon billet et me rendrais au spectacle, on verrait bien...

* * *

Rétrospectivement, j'éprouve quelque difficulté à démêler les sentiments que j'éprouvais à ce moment-là : avais-je vraiment décidé de me rendre au théâtre pour la raison que je me donnais — ce « test de langue » que je voulais faire passer au public d'opéra de Montréal — ou, plutôt, n'était-ce pas une façon détournée que j'avais trouvée pour satisfaire ma curiosité, mon besoin profond de voir mes deux idoles en chair et en os interpréter Mozart ? En deux mots, étais-je *totalement sincère* ? Encore maintenant je ne saurais le dire, mais toujours est-il que je me retrouvai quelques jours plus tard dans le hall de la Comédie-Canadienne, l'oreille tendue et le sourcil froncé.

Le public était effectivement en majorité anglophone ! J'en aurais pleuré.

Où étaient les miens ? En train de danser à la plage « Idéal » ?

Je passais de groupe en groupe, essayant de juger de loin si les gens qui me paraissaient intéressants et dont je m'approchais avec mille précautions seraient anglais ou français... J'étais presque toujours déçu. Quand je tombais sur des francophones, je restais près d'eux, le sourire aux lèvres, j'essayais de les écouter, je me consolais en me disant que tout n'était peut-être pas perdu, après tout, qu'il y en avait *quand même* quelques-uns... Comme il nous arrive trop souvent de le faire en tant que collectivité qui a de la difficulté à se brancher, je me contentais encore une fois de miettes — mais individuellement, cette fois, ce qui me ressemble pourtant assez peu — ; je commençais à croire que j'avais eu tort après avoir été si convaincu d'avoir raison, j'étais très près de tomber dans l'autre camp, de me dire après tout, ils ont bien raison, si l'opéra leur appartient, qu'ils s'en emparent, moi je m'en lave les mains, je ne suis qu'un spectateur parmi tant d'autres... Je glissais lentement vers l'abdication avec cette conviction d'être un peu trou de cul propre à ceux qui abandonnent trop facilement, un vilain goût d'amertume au fond de la gorge, un petit gargouillis d'humiliation au ventre. *Vendu !* Comme les autres !

J'entrai dans la salle en me haïssant de le faire.

Le spectacle lui-même fut un mélange de ravissement et d'horreur ; de ravissement quand mes idoles chantaient — ils étaient aussi géniaux qu'on le disait et le quatuor du dernier acte ainsi que certains airs de Pierrette et Léopold me tirèrent des larmes —, d'horreur quand ils se mettaient à parler anglais, même *entre eux* ! C'était absurde, ces quatre chanteurs francophones qui se parlaient anglais — avec un gros accent québécois dans le cas de Marguerite Gignac et de Jean-Louis Pellerin — sur leur propre scène ! Oui, tout ce temps-là j'avais eu raison ! Même devant un public en grande partie anglophone, c'était ridicule ! C'était ma ville, j'étais chez moi, ces chanteurs-là avaient le français comme langue maternelle, pourquoi accepter ça ? Il y avait bien une basse quelque part au monde qui aurait pu dire les dialogues de cet opéra en français et chanter la musique de Mozart tout aussi bien !

Je sortis de la salle avec une bien piètre opinion de moi-même et de mes semblables. J'avais déjà assisté à des scènes gênantes, c'est vrai — nous étions encore assez mous, à cette époque-là, et nous laissions facilement monter sur la tête —, j'avais moi-même fait montre de lâcheté en certaines occasions (parler en anglais à un vendeur de magasin qui refusait de me parler français, par exemple, parce que c'était plus facile, plus rapide, parce que *moi*, malgré mon jeune âge, j'avais appris à parler la langue de l'autre), mais jamais ma situation de majoritaire traité en minoritaire dans sa propre ville ne m'était apparue aussi clairement et j'étais humilié à un point extrême.

J'avais honte, j'avais envie de hurler à l'injustice, j'avais dix-sept ou dix-huit ans et quelque chose que je n'avais jamais ressenti auparavant était en train de naître quelque part au fond de moi, une chose qui grondait, qui faisait peur mais qui était belle et juste.

La nuit était superbe, la rue Sainte-Catherine grouillante de monde mais, tout à coup, j'avais l'impression que rien de tout ça ne m'appartenait plus.

* * *

Ma mère m'attendait, évidemment, pour que je lui raconte ma soirée.

Il faisait très chaud ; elle avait enfilé sa jaquette de coton bleu pâle que j'aimais tant parce qu'elle lui donnait un petit air de printemps au beau milieu de la canicule.

« Pis ?

— J'avais raison. »

J'ai beaucoup pleuré.

Elle n'a rien dit ; elle s'est contentée de me regarder me moucher, essuyer mes larmes, soupirer.

Je finis par me lever pour aller me coucher.

« Dis-moi que tu feras pas de folies...

— Tu sais très bien, moman, que chus trop lâche pour en faire... »

L'OPÉRA DE QUAT'SOUS

« A' chante pas ben pantoute ! Écoute, ça a pas de bon sens, quand a' l' ouvre la bouche, on dirait que quelqu'un vient d'y renverser un canard d'eau chaude sur une cuisse ! »

Je suis tellement insulté que je ne trouve rien à répondre. Maman en profite pour continuer sa diatribe.

« Pis a' se tient tout croche. Quand tu chantes, c'est ta voix qui compte, t'as pas besoin de te déhancher comme si tu venais d'avoir un accident ! Non, non, non, tu me feras jamais dire que c'est une bonne chanteuse. C'est une bonne actrice mais c'est pas une bonne chanteuse ! Estelle Caron, ça c'est une bonne chanteuse, a' sait se tenir ! Pas elle ! »

Elle se tait, soudainement. Elle porte la main à son côté comme elle le fait de plus en plus souvent, s'assoit dans sa chaise berçante. La discussion est terminée, elle ne la reprendra pas. J'ai l'impression qu'elle se dessouffle, qu'elle perd son énergie d'un seul coup, qu'elle vient de faire un autre petit pas vers la mort, et les larmes me montent aux yeux sans que je puisse les retenir. Elle s'en rend compte, soupire.

« Tu te mettras pas à brailler pour une petite faiblesse ! »

Avant sa maladie, nos discussions pouvaient durer des heures ; nous prenions tous les deux un malin plaisir à trouver le bon argument qui assassinerait ceux de l'autre, nous ressortions notre bonne vieille mauvaise foi quand la bonne foi et la sincérité s'avéraient sans effet, nos chicanes avaient du souffle, de la grandeur, nos engueulades, en un mot, étaient belles. Mais maintenant maman se fatigue vite, les médicaments l'ont ralentie, elle est moins prime, le sait et abdique devant l'épuisement plutôt que de s'entêter. Moi, j'aimerais la voir lutter plus, mais quand je lis la souffrance, comme maintenant, dans son regard, je comprends l'horreur de ce qu'elle vit et je pleure.

Elle se lève pour aller brasser sa sauce à spaghetti.

« Pourquoi tu me l'as pas demandé, moman ? J's'rais allé...

— T'es pas capable de brasser une soupe Lipton, j'vois pas pourquoi tu s'rais capable de brasser une sauce à spéghatti comme du monde ! »

Tiens, un soubresaut d'énergie. Elle me sourit même en se tournant vers moi, comme pour me dire : « As-tu vu ça, chus t'encore capable de te répondre, hein ? » Alors je fais une vague tentative pour repartir la discussion autour du talent de chanteuse de ma nouvelle idole, Monique Leyrac, que je verrai ce soir même dans *L'Opéra de quat'sous* de Brecht et Weill, dans une mise en scène de Jean Gascon, au Théâtre du Nouveau Monde.

« Estelle Caron, moman, c'est juste une diseuse tandis que Monique Leyrac c'est une vraie interprète ! »

Elle lance un « Ha ! » bien sonore, hausse les épaules.

« J'aime mieux une diseuse qui chante juste qu'une interprète qui fausse ! »

Très bonne réponse ; je décide de la laisser gagner, elle s'en rend compte mais fait comme si de rien n'était et prend ce petit air supérieur qui me choque tant quand elle croit avoir le dernier mot.

« Va dire à ton père que le souper est prêt. »

Le souper, comme tous les repas depuis quelques mois, est morose. Mon père ne s'est pas remis de la nouvelle de la maladie de ma mère (il semble plus bouleversé qu'elle mais c'est peut-être parce que c'est un moins bon acteur) et promène une mine affreuse. Lui toujours si digne, si circonspect, il se laisse aller, ses visites à la taverne se sont multipliées, il a des colères subites et inexplicables ; je le surprend parfois à regarder ma mère avec adoration comme s'il la voyait pour la première et la dernière fois.

Ce soir-là, il fixe longuement le plat de spaghetti avant de l'attaquer et je lui fais signe de manger avant que ça refroidisse. Il prend une tranche de pain, la beurre, la trempe dans la sauce, goûte et dit :

« Maudit que c'est bon, Nana ! »

Elle acquiesce, fière du compliment mais sûre aussi de l'avoir mérité :

« Ben sûr que c'est bon ! »

La sauce à spaghetti de ma mère (qui est celle de toute la famille, même du côté de mon père, puisque je n'en ai jamais vu d'autre de toute mon enfance) est quelque chose d'assez spécial pour que je m'y attarde un peu. Imaginez : j'ai dix-neuf ans et je ne connais pas encore les *meatballs*, c'est dire à quel point la sauce que nous mangeons est différente de ce qui se fait partout en Amérique du Nord ! Toute ma vie j'ai vu les femmes de la maison poser les mêmes gestes, comme dans un rituel, sans jamais rien changer (quand on a atteint la perfection, pourquoi chercher plus loin ?) : pendant que frémit la base de tomates, d'ail et d'herbes, elles font revenir des côtelettes de porc dans une poêle à part. Quand les côtelettes commencent à dorer, elles les jettent tout simplement dans la sauce et laissent mijoter pendant des heures et des heures. Pas de boulettes trop dures ou trop molles qui trônent dans l'assiette comme des bouses de vache, pas de viande hachée non plus ! C'est plus beau que « la sauce qu'on mange ailleurs », comme l'appelle ma mère, et c'est bien meilleur. Pour manger tout ça, il suffit de verser sur une assiettée de « spaghetti plat » — je crois que c'est ainsi qu'on appelait les linguine dans ma famille —, de retirer les os dont la chair s'est complètement détachée, de les poser dans une assiette au milieu de la table.

La visite, quand par hasard nous recevons au spaghetti, ce qui est rare parce que très mal vu — on sait recevoir notre monde : *à la viande* ! —, est toujours étonnée mais toujours conquise ! Leurs mères refusent d'en faire ; nos amis se battent pour en manger chez nous ! Ça goûte fort l'ail, le fromage romano encore inconnu des Québécois mais que ma mère a découvert dans une petite épicerie italienne à côté de chez nous, sur la rue Cartier, et même un peu l'huile d'olive alors que tout le reste de la cuisine que nous mangeons est faite au beurre. Et, l'hiver, ça sent pendant des jours...

Tout ça passe dans les yeux de mon père pendant qu'il engouffre sa tranche de pain. J'essaie d'animer un peu la conversation, je reviens même à la charge avec Monique Leyrac et sa voix qui me transporte alors qu'elle tombe sur les nerfs de ma mère, rien ne semble vouloir toucher mes parents : maman est debout dans la cuisine et regarde papa qui a les deux yeux rivés sur son assiette.

Je les ai vus dans cette position des centaines, peut-être des milliers de fois, mais c'est ce soir seulement que tout ça prend sa place, sa signification dans ma vie, dans notre vie : le ciment de notre famille, la gardienne de nos trésors et de nos laideurs, l'organisatrice de notre existence va disparaître, et ce qui nous guette, mon père, mes frères et moi, c'est la désagrégation à petit feu dans la douleur d'être séparés de l'être qui nous a, tous, le plus influencés. L'amour que je ressens alors pour eux est tellement puissant que je me penche un peu au-dessus de la table, comme si je souffrais.

Je mange très peu — c'est rare —, je ne touche même pas au dessert, et maman me dit avec un sourire qui n'en est pas un :

« J'espère au moins que c'est juste parce que t'es t'énervé d'aller voir ta maudite Monique Leyrac ! »

* * *

Je suis de retour à l'Orpheum. Je fréquente le Théâtre du Nouveau Monde depuis plus de cinq ans, maintenant, j'y passe les plus belles soirées de ma vie, les plus exaltantes, de celles, dangereuses, qui vous font tout oublier, qui superposent le rêve à la tristesse de la réalité. Ces soirs-là, j'oublie mes pièces injouées et peut-être injouables (*Le Bûcher, Le Train, L'Halloween*, pauvres petites tentatives d'un apprenti ouvrier qui a des velléités à l'écriture condamnées d'avance à croupir au fond de quelque tiroir), mes romans et mes contes non publiés et qui le resteront probablement ; je me réfugie dans le grandiose et, pendant quelques heures, je suis parfaitement heureux.

Le début du spectacle se passe bien, je m'amuse, Jean Dalmain et Germaine Giroux, qui campent un magnifique couple Peachum, me font rire, Monique Leyrac est étonnante de fraîcheur en Polly — même si ça me dérange un peu que le mari et la femme jouent le père et la fille —, la musique, que je connais déjà par cœur, me transporte, mais il me manque l'enthousiasme des grands soirs, ce pincement au cœur et ce vertige qui font que je sais que je suis en train de vivre un grand moment de théâtre. J'attendais peut-être trop, après tout, de ce spectacle que Montréal ovationne depuis quelques semaines... Ça arrive, quelquefois, qu'une chose trop vantée déçoive... Mais je ne veux pas bouder mon plaisir et je me laisse un peu plus aller...

Le grand coup arrive pendant la scène du mariage : Mack-the-Knife et Polly trônent au milieu d'une longue table où sont également installés les « employés » du bandit, voleurs, brigands, cambrioleurs de tout acabit, silhouettes amusantes, taillées à grands traits, de la petite pègre des villes, qui finit par se ressembler partout où elle sévit. Ils n'ont aucune classe ; leur patron en a pour eux tous. Ils boivent, ils mangent, le ministre qui vient d'unir Mack et Polly est plus soûl que tout le monde, la salle rit beaucoup...

Puis Polly se lève parce qu'on vient de lui demander de chanter. Elle prend un grand châle bleu qu'elle met sur ses épaules et annonce sa chanson, un peu comme au music-hall...

Les trois minutes qui suivent sont parmi les plus intenses de toute ma vie de dévoreur de culture. Monique Leyrac chante *La Fiancée du pirate*. Qu'est-ce qui fait qu'un moment comme celui-là marque toute la vie d'un être, à part, bien sûr, le fait qu'une grande interprète se trouve devant lui, mais pas celle des gens qui l'entourent ? Je ne suis pas le seul à être pâmé, bien sûr, la salle ne s'y trompe pas, on lui fait un triomphe, mais pourquoi est-ce que moi, tout à coup, j'ai envie de me jeter en bas du balcon (j'y pense vraiment pendant un quart de seconde), de m'immoler sur l'autel du théâtre comme si je venais d'être le témoin de la plus grande interprétation de l'histoire de la civilisation ? Pourquoi est-ce que cette interprète-là, à ce moment-là, me bouleverse tant, pourquoi est-ce que je veux mourir, pourquoi est-ce que je pense que ma vie est terminée à la fin d'une chanson toute simple dans laquelle une serveuse rêve à l'arrivée d'un marin qui détruirait tout autour d'elle pour pouvoir l'enlever sur son navire ? C'est ce que je me demande pendant que les bravos fusent de partout dans la salle et que je reste muet d'émotion. Est-ce parce que je suis convaincu de ne plus jamais revivre un moment comme celui-là... Oui, c'est exactement ça : je reste immobile au lieu d'applaudir, je savoure encore ce que je viens de voir et d'entendre (le châle bleu, les mains de Polly qui se lèvent, à la fin de la chanson, dans un grand geste de victoire, la voix si chaude de Monique Leyrac qui va chercher ce que j'ai de plus sensible au fond du cœur), mais j'en porte déjà le deuil, insupportable. Si je reviens demain, tous les soirs jusqu'à la fin des représentations, est-ce que je serai aussi touché, ou est-ce que cette grâce ne m'était pas plutôt destinée une seule fois ?

Monique Leyrac est auréolée de lumière, la salle hurle, le grand châle bleu bouge un peu comme si la chanteuse, émue, n'arrivait pas à retenir sa nervosité ou sa joie, et un grand efflanqué, quelque part au balcon, un ancien enfant qui à cinq ans déjà n'arrivait pas à extérioriser ses sentiments au théâtre, pense à se suicider tant ce moment, fini, envolé pour toujours, fut intense.

La scène continue, je ne vois plus rien ; j'éprouve de la difficulté à me concentrer sur l'action mais au bout de quelques minutes, porté par le coup de cœur que j'ai eu pendant *La Fiancée du pirate*, j'arrive à reprendre mes esprits et à goûter à sa juste valeur cette grande mise en scène de Jean Gascon, la Jenny de Pauline Julien, la Lucy Brown de Monique Mercure, le Tiger Brown de Guy Hoffman. De grands moments de théâtre tombent sur moi, me submergent, et je m'abandonne enfin...

Au deuxième acte, Monique Leyrac chante *La Chanson de Barbara*. Je bande tous mes muscles, je me penche par en avant, tendu et angoissé : est-ce que j'avais raison, une heure plus tôt ? Arriverai-je à retrouver cet état de grâce, ou est-ce que cette apothéose n'est pas bel et bien terminée pour toujours ? Oui, j'avais raison, c'est bien fini. Je peux encore m'enthousiasmer, le duo de la jalousie de Monique Mercure et Monique Leyrac, *Le Song de Salomon* de Pauline Julien en font foi, mais le grand frisson de joie, proche parent du frisson d'horreur, que j'ai ressenti tout à l'heure s'est apaisé à jamais et il ne me reste plus que l'espoir, bien mince, de le retrouver un jour.

Et, effectivement, je ne le retrouverai qu'à de très rares occasions : dans un autre Brecht au Nouveau Monde, *Mère Courage*, quand Dyne Mousso, en muette, essaiera de prévenir sa mère, Denise Pelletier, du danger qui les guette et sera abattue ; au deuxième acte du *Midsummer Night's Dream* de Peter Brook, à New York en 1971, pendant la scène des quatre amoureux perdus dans la forêt (la seule fois où j'ai vu ces deux couples-là vraiment humains et touchants et drôles) ; quand, au cours de la dernière scène des *Bonnes* de Jean Genet, montées par Brassard, et si merveilleusement interprétées par Rita Lafontaine et Frédérique Collin, Claire, qu'on croyait morte, relèvera la tête au dernier moment pour regarder sa sœur ; Jacques Charon, si pitoyable et si touchant dans la première scène du *Malade imaginaire*, à la Comédie-Française ; la scène de *Yukah*, dans *La Trilogie des dragons* du Théâtre vert. Il y en aura tout au plus une dizaine et je devrai les attendre patiemment et ne pas me laisser aller à vouloir mourir chaque fois...

L'*Opéra de quat'sous* se termine en apothéose, je suis debout comme tout le monde après trois heures de ravissement, j'arrive à peine à sortir un petit bravo quand Monique Leyrac vient saluer, mais c'est déjà une grande victoire sur moi-même, c'est la première fois de ma vie que je réussis à tirer un son de ma gorge à la fin d'un spectacle... Comme d'habitude, je sors de la salle gonflé à bloc d'adrénaline ; comme d'habitude, la déprime me prend dans l'autobus, draine mes forces vives, m'épuise. Je suis en manque de cette existence dans le théâtre que je voudrais tant vivre et qui m'est, j'en suis convaincu, défendue.

* * *

Comment expliquer ça à sa mère ? Surtout quand elle n'aime même pas l'interprète qui a provoqué un tel séisme dans votre vie ? J'essaie quand même. Elle m'écoute. Attentivement. Elle a un peu penché la tête vers la gauche comme lorsque quelque chose qu'elle ne comprend pas est en train de se produire. À la fin de mon récit, elle secoue un peu la tête, fait un « Ttt, ttt, ttt » de pitié.

« Pauv' tit-gars, te mettre dans un état pareil pour une chanson...

— C'est pas juste la chanson, moman, tu le sais très bien... T'as de la misère à comprendre que Monique Leyrac a pu avoir c't'effet-là sur moi, hein ? »

Elle hausse les épaules.

« Ben non. Moi, c'tait Joseph Cotten, toi c'est Monique Leyrac, c'est pas pire, c'est pas mieux.

— Joseph Cotten ? C't'un acteur épouvantable, moman !

— J'te dis la même chose de Monique Leyrac quand a' chante, Michel, pis tu veux rien comprendre ! Chacun ses goûts ! Laisse-moi mes coups de cœur pis j'vas te laisser les tiens ! »

Alors elle me raconte dans ses moindres détails le film de sa vie : *Since You Went Away*, qu'elle a vu cinq fois en 1945, l'effet que les malheurs de Joseph Cotten avaient eu sur elle, les femmes qui l'entouraient : Jennifer Jones, Claudette Colbert, Shirley Temple, Agnes Morehead, les chanceuses, qui pouvaient souffrir avec lui, le beau Joseph Cotten, les semaines, les mois qu'elle avait passés à pleurer sur cette histoire de guerre, la prostration qu'elle avait ressentie à la seule idée qu'elle ne pourrait plus voir ce film-là un jour parce qu'il disparaîtrait des écrans... Elle s'emporte, retrouve les émotions, oubliées depuis, ou domptées, qui l'avaient anéantie au cinéma Loew's pendant les scènes les plus dramatiques, accrochée au bras de mon père qui somnolait probablement parce que c'était trop long.

« T'étais tout petit, dans ce temps-là, c'est ta tante Robertine qui te gardait, pis quand on était revenus, moi pis ton père, dans la maison de la rue Fabre, j't'avais réveillé même si y passait onze heures, peut-être même minuit, j't'avais pris dans mes bras pis j'm'étais mis à brailler en te serrant fort contre moi pis en te disant que t'étais ma consolation, ma consolation à toute... »

À tout quoi ? A-t-elle été si malheureuse sans que je le sache ?

Elle se tait. Elle a tourné le visage vers la fenêtre qui donne dans la rue Cartier. Elle n'ira pas plus loin.

Je ne me souviens pas de la scène de larmes qu'elle vient de me décrire, mais je me souviens très bien de l'avoir entendue parler de ce film-là avec mes tantes et mes cousines, quand j'étais tout petit. Elles s'assoyaient, surtout les aînées, autour de la table de la salle à manger, se faisaient une théière de thé vert, parlaient de *Since You Went Away* et pleuraient avec un évident plaisir. Moi, j'étais sous la table ou sur le sofa qui servait de lit à mon cousin Claude, et je les regardais faire en me demandant pourquoi elles avaient tant l'air d'aimer pleurer...

« Ton père a même été un peu jaloux de Joseph Cotten pendant quequ'mois... »

Elle sourit, passe ses mains sur ses yeux puis tourne la tête vers moi très brusquement. La question vient tellement vite que je reste pantois, sans voix, sans réponse à lui donner.

« Vas-tu prendre soin de lui quand j'vas être partie ? »

LE TRAIN

La roue tournait ; mon père était à la retraite, c'était maintenant moi qui travaillais le soir, de cinq heures à une heure du matin, comme linotypiste à l'Imprimerie Judiciaire, sur la rue Wolfe au coin de La Gauchetière, là où se trouve maintenant la taverne de madame Clavette (haut lieu de rencontre de la faune de la tour de Radio-Canada qui, à l'époque, n'avait pas encore été construite). Depuis la mort de ma mère, en septembre 1963, et le retour au bercail de ma tante Robertine, la sœur de mon père (« J'vas aller prendre soin de vous autres, moé, pauvres vous autres ! Trois hommes dans la même maison qui savent rien faire, ça l'a pas de bon sens ! »), nous avions déménagé au 5303 de la rue de Lorimier, dans un appartement assez grand pour nous loger tous : papa, ma tante, mon frère Jacques et moi. J'avais pensé me prendre un appartement mais mon attachement pour ma famille était encore trop puissant et, à vingt ans passé, je n'étais pas encore prêt à couper le cordon ombilical.

Je sortais donc de l'imprimerie à une heure du matin et je rentrais toutes les nuits à pied en traversant le parc Lafontaine, hiver comme été. L'été, c'était évidemment très fréquenté à ces heures-là et je m'attardais volontiers en ne pensant à rien d'autre qu'à mon plaisir du moment, mais au plus fort de l'hiver, j'avais le parc pour moi tout seul et j'y passais mes crises de déprime, de plus en plus nombreuses, de plus en plus fortes. Je montais la rue Calixa-Lavallée en me frayant un chemin dans les bancs de neige après les tempêtes ou alors, par ces nuits au froid sec et cassant où on a l'impression que notre souffle va tomber par terre en sortant de notre bouche et se briser en mille morceaux, je suivais tant bien que mal les petites ornières creusées par les tracteurs et mal tapées par les rares passants. Je rongeais mon frein, j'avais peur de tomber dans l'amertume (si jeune !) et je m'en voulais de ne rien faire pour régler mon problème. Mais je ne voyais aucune porte de sortie et ça m'enrageait.

Ce printemps-là, le printemps de 1964, la neige avait fondu assez rapidement et je me couchais vraiment très tard. J'entrais dans l'appartement sur le bout des pieds (j'apercevais souvent la silhouette de mon père, désormais esseulé et triste sans sa Nana qui l'avait tant fait rire avec ses interminables drames, penché sur son éternelle cigarette, voûté, lui que j'avais connu si droit) ; je me faufilais dans la pièce double que je partageais avec mon frère, je me couchais en me faisant le plus discret possible, mais j'arrivais rarement à m'endormir tout de suite.

Ma vie avait déboulé à une vitesse folle pendant les quatre dernières années. À la sortie de l'école secondaire, j'avais fait les mauvais choix en sachant que je les faisais et en me sentant incapable de ne pas les faire — cette décision, probablement celle d'un paresseux pour qui c'est la solution la plus facile, de suivre des cours à l'Institut des arts graphiques dans le but de devenir un imprimeur comme mon père, me paraît encore aujourd'hui absurde ; je n'étais pas fait pour ce métier-là, je le savais, tout le monde autour de moi le savait, et pourtant tout le monde m'a laissé faire — ; je me voyais travaillant comme linotypiste pour le reste de mes jours, perpétuel inadapté qui n'avait pas trouvé sa place dans le monde et qui commençait à douter de jamais la trouver. En un mot, vilain, hideux même, auquel j'étais encore incapable de faire face mais qui me trottait de plus en plus souvent dans la tête : un *raté*.

Je ne me complaisais pas du tout dans ce concept de « raté », cependant, je n'étais pas de ceux-là qui traînent leur guigne comme un paravent en essayant par tous les moyens possibles de faire pitié, non, je n'y faisais tout simplement pas encore face, comme je l'ai déjà mentionné, me cachant cette vérité pourtant aveuglante derrière l'éternel rêve que je caressais depuis toujours, illusoire et pathétique, de la plume triomphante, de l'écriture salvatrice. Ce rêve de devenir un jour un écrivain, non pas respecté ni même connu, mais au moins *publié*, était probablement ce qui me tenait en vie. Dieu que j'écrivais et Dieu que j'en jetais, des choses ! C'est d'ailleurs sûrement la période de ma vie où je me suis le plus pris pour un écrivain !

Je louvoyais entre la pièce d'époque (une de mes premières « œuvres » se situait *sur* un bûcher, au Moyen Âge !) et le conte fantastique inspiré de Poe, de Nerval, de Lovecraft, de Jean Ray, surtout, à qui je vouais une admiration sans borne.

Comme mes journées étaient à moi, mes après-midi, en tout cas, puisque je ne quittais pas la maison avant quatre heures, je m'installais presque au saut du lit au meuble de bois verni que mon frère s'était fait construire pour corriger ses copies (il était devenu professeur de français et prenait son métier très au sérieux) et je noircissais pendant des heures, page après page, des piles de cahiers lignés que j'achetais chez Pilon, au coin de Saint-Hubert et Mont-Royal. J'avais barbouillé comme ça, depuis mes quinze ans — d'abord pendant l'école secondaire où, toujours aussi pertinent et logique avec moi-même, j'avais suivi le cours « scientifique spécial », puis au cours des trois ans à l'Institut des arts graphiques pour oublier mon choix de vie —, des tonnes de papier que je jetais presque aussitôt après, ne gardant que ce que je croyais être le meilleur (c'est ainsi que ne se sont pas perdus la pièce *Le Train* dont il sera abondamment question plus loin et le recueil de contes fantastiques *Contes pour buveurs attardés* qui deviendraient plus tard mes deux premières manifestations officielles de jeune écrivain plein de promesses). Et je cachais tout ça, oui, oui, c'est un cliché mais c'est absolument vrai, sous mon matelas !

* * *

Il est peut-être dix heures et demie, onze heures du matin ; je dors encore, profondément mais d'une façon agitée. J'ai été secoué de cauchemars toute la nuit (merci aux biscuits au chocolat et à l'énorme verre de lait que j'ai avalés en vitesse avant de me coucher), je me suis réveillé sept ou huit fois en sueur, avec un mauvais goût dans la bouche.

Le téléphone sonne. On ne l'a pas encore fait transférer dans la cuisine, il est toujours au mur du corridor mitoyen à ma chambre. Je me réveille en sursaut mais je ne me lève pas. Je sais que ma tante va parcourir toute la longueur du corridor très lentement, sur le bout des pieds, pour ne pas faire de bruit alors que le téléphone, lui, va continuer à me résonner dans la tête. Si c'est une de mes tantes ou une de mes cousines, elle va dire sur un ton découragé :

« J'vas te rappeler plus tard, Michel est encore couché, imagine-toé donc ! C'est à se demander c'qu'y fait en sortant de la shop ! Y'a-tu commencé à se tenir dans les clubs, 'coudonc ? »

Le mot *shop* va me tordre le cœur, je vais penser à mon père qui partait pour la shop à la même heure que moi, au décalque de lui que je suis en train de devenir...

« Hélô ? »

Elle a opté pour un compromis entre le allô français et le *Hello* anglais, tout en mettant l'accent tonique sur la première syllabe, ce qui donne un Hééélô très laid que j'ai toujours trouvé ridicule.

Long silence.

« Qui ? Ah non, y'a pas de Michel Rathier ici, vous vous trompez de numéro. »

Un coup d'adrénaline comme j'en ai rarement ressenti dans ma vie ; en une seconde je suis debout. Érection du matin ou non, j'ouvre la porte de la chambre, je prends le téléphone des mains de ma tante.

« C'est pour moi, ma tante... »

Elle fronce les sourcils.

« Tu prends des synonymes, à c't'heure ? »

Elle reste plantée là, sans complexe : elle veut savoir et elle va savoir !

« Ma tante, s'il te plaît, c'est peut-être important...

— En tout cas, on est sûr que c'est pas une fille, hein ? »

Elle me pousse des craques à ce sujet-là depuis quelque temps et ça m'énerve. Je prends note mentalement qu'il faudrait que je lui en parle.

Je finis par répondre au téléphone au bout de ce qu'il me semble avoir été une heure mais qui n'a duré en fait que quelques secondes.

« Allô, oui ?

— Je parle bien à monsieur Michel Rathier ?

— Oui. Enfin, non. C'est-à-dire que c'est pas mon vrai nom...

— Vous avez bien envoyé un texte au Concours des jeunes auteurs de Radio-Canada ?

— Oui, oui ! »

J'ai le cœur dans la gorge (« Mon Dieu, ça se peut-tu ? »), mes jambes me supportent à peine... Ma tante n'a pas refermé la porte de la cuisine complètement et je vois très bien son nez et son œil gauche qui dépassent. Je lui fais un geste brusque, la porte se ferme, mais je sais qu'elle y a collé l'oreille.

« Et vous avez signé votre texte de *deux* pseudonymes ?

— Ben oui...

— Et pourquoi ?

— Écoutez, ça serait trop long de tout vous expliquer ça au téléphone (et trop ridicule, mais ça je ne l'admettrais jamais)...

— Enfin. J'appelle pour vous dire que votre texte a été retenu dans les dix finalistes (Dix ! Y'en a neuf autres ! j'gagnerai jamais ! Jamais ! Je le savais !) et que le jury aimerait vous rencontrer. »

Le jury veut me renconter ? Je sens mes chances remonter, je bégaye :

« Ben oui, ben sûr, quand ?

— Eh bien, écoutez, en fin d'après-midi demain, après vos cours...

— Mes cours ? Quels cours ?

— Vous allez bien au collège ou à l'université...

— Pas du tout, chus linotypiste dans l'imprimerie... »

Gaffe.

Silence.

Je sens mes chances rebaisser à une vitesse folle (j'apprendrai donc jamais à me fermer la yeule !) et je sais qu'il est trop tard pour reculer.

Au bout de quelques secondes, la voix, une voix d'homme bien élevé qui a appris à faire face à toute éventualité, revient sur la ligne.

« Vous êtes ouvrier ?

— Ben oui. C'est-tu une maladie ?

— Non, non, bien sûr, qu'allez-vous penser là... Mais c'est... disons étonnant.

— Vous aimez pas ça, être étonné ?

— Écoutez, ne le prenez pas mal...

— J'le prends pas mal, mais faut-tu que je comprenne que j'ai pus rendez-vous avec le jury parce que j'vas pas au collège ou à l'université ?

— Mais pas du tout, mais pas du tout (il a eu le temps de revenir de sa surprise...). Est-ce que demain fait toujours votre affaire ?

— Aujourd'hui aurait été parfait aussi, hein ? Avez-vous une idée dans quel état j'suis, là ? »

Un petit rire de quelqu'un qui ne sait pas rire, puis il me donne mon rendez-vous ferme, raccroche.

Je n'ai pas sitôt raccroché moi aussi que la porte de la cuisine est toute grande ouverte.

« C'tait qui ? »

Je cours vers elle, la prends dans mes bras, elle est menue mais pesante, elle a engraissé depuis qu'elle est revenue vivre avec nous.

« Peut-être la grande chance de ma vie, ma tante ! Pis la seule, faut que je saute dessus ! »

Elle se débat, hausse les épaules lorsque je l'ai redéposée sur le plancher de la cuisine.

« Y'est-tu fou ! T'es toujours plein de surprises, toé, hein ? »

Si seulement elle savait à quel point !

* * *

Je pénétrais pour la première fois dans le saint des saints de Radio-Canada. Jusque-là mes visites s'étaient limitées aux excursions des dimanches après-midi pluvieux dont j'ai déjà parlé et où ma gang et moi allions jeter un coup d'œil, dans la promenade au-dessus du studio 42, sur les décors du téléthéâtre du soir ou ceux de *Music-hall*, l'émission de variétés de l'ineffable Michelle Tisseyre. Mais cette fois, me disais-je, ça pourrait être la bonne, la décisive, celle qui déciderait de mon avenir. Mais dix finalistes c'était beaucoup et mes espoirs, depuis vingt-quatre heures, s'étaient un peu amincies dans mon imagination devant l'énormité de la chose : je n'allais tout de même pas réussir à battre neuf produits de nos collèges et de nos universités ! La chose était impensable, la littérature, que dis-je, la culture au grand complet leur appartenait, leur revenait de droit depuis toujours ! Il y avait bien Marie-Claire Blais, autodidacte notoire qui connaissait un succès retentissant et mérité, mais justement, un cas comme celui-là ne se répétait pas aussi facilement !

Cette fois, j'avais à prendre l'ascenseur pour monter dans les hauteurs plutôt que l'escalier de la mezzanine qui menait à la galerie surplombant le grand studio 42. J'avais espéré y côtoyer une vedette, une de mes idoles ; j'avais rêvé une partie de la nuit de demander, pendant que montait l'ascenseur, un autographe à Marjolaine Hébert ou Monique Leyrac qui ne pourrait pas me le refuser, sans savoir que les artistes répétaient dans un édifice assez éloigné de la maison mère et ne venaient rue Dorchester que les jours où les émissions se faisaient, ou à peu près.

Peu de gens dans le grand hall. Puis, tout à coup, Jean-Paul Dugas qui passe à côté de moi en coup de vent. Petit pincement au cœur : vais-je, à partir de maintenant, fréquenter des gens comme lui ? Puis je me traite de niaiseux, de présomptueux, de prétentieux, ça me fait du bien et je pèse sur le bouton de l'acenseur.

Qui était vide. Déception.

Je m'étais attendu à une véritable ruche, des messagers qui courent en tous sens, des secrétaires affairées et affolées, des réalisateurs qui crient, des acteurs qui pleurent d'énervement, Marcel Dubé lui-même qui parle de sa nouvelle pièce à Paul Blouin, à Louis-Georges Carrier ou à Jean-Paul Fugère ; je tombai sur un corridor désert qui sentait le vieux tapis râpé.

Une porte, un numéro en chiffres mal peints. Avec mon sens du drame hérité de ma mère, je me dis en poussant la porte quelque chose du genre : « Je pousssse la pooooorte du desssstin ! » avec, en prime, un accent français vraiment pas réussi.

Je rentre quasiment dans un jeune homme qui n'a pas encore vingt ans mais dont l'avenir, c'est inscrit dans son visage, est déjà assuré. Il me regarde comme si j'étais une crotte de chien et je comprends que c'est un autre finaliste qu'on vient d'interviewer. Je lui fais un grand sourire qu'il ne me rend pas. Je ne m'y attendais pas non plus.

Une secrétaire, ni affolée, ni même affairée, me dit que le jury m'attend déjà. Une autre porte. Qui s'ouvre toute seule.

* * *

Trois personnes m'attendaient, une femme et deux hommes. Elles se présentèrent. Je connaissais très bien la femme pour l'avoir vue des dizaines de fois à la télévision ; elle s'appelait Jeanne Frey, c'était une vieille dame française très cultivée, une espèce d'encyclopédie universelle ambulante qui faisait partie de tous les quiz, de presque tous les jurys des divers concours que Radio-Canada organisait et qui servait, en quelque sorte, de paratonnerre à d'éventuels plagiats. On disait d'elle qu'elle pouvait tout de suite reconnaître un air qui avait déjà été composé ou le style d'un auteur, aussi obscur fût-il, qu'on aurait copié. Le premier homme était l'un des organisateurs du concours, probablement un cadre de la société d'État, mais je n'ai gardé aucun souvenir de lui parce qu'il ne m'adressa pas beaucoup la parole, laissant ce soin aux deux autres jurés. Le dernier, tout petit, hypernerveux, le teint grisâtre, se présenta comme le réalisateur qui aurait la tâche de mettre en scène la pièce gagnante. Il s'appelait Charles Dumas, je connaissais vaguement son nom et j'étais très impressionné. Mon premier réalisateur ! Un vrai !

J'étais assis en face d'eux, une énorme table de travail nous séparait. Ils ne me laissèrent pas languir longtemps et n'y allèrent pas de main morte non plus. Jeanne Frey se pencha un peu dans ma direction en me regardant droit dans les yeux. Elle souriait, mais c'était un sourire sérieux, presque froid. Avant même qu'elle me pose la première question, je savais que quelque chose d'ennuyeux s'en venait.

« Connaissez-vous Edward Albee ? »

Je me suis dit ça y est, j'ai écrit une pièce d'Edward Albee sans le savoir, y m'ont fait venir ici pour m'humilier, le gars qui vient de me regarder comme une crotte de chien avait raison et c'est lui qui va gagner le concours !

« Oui, y'a écrit une pièce qui s'appelle *Who's afraid of Virginia Woolf* ? qui joue à Broadway depuis des années. »

Ils se regardèrent. Puis ce fut autour de Charles Dumas de sourire.

« Vous avez lu ses pièces ? »

Je comprenais très bien qu'il était extrêmement important que je dise la vérité, que ce n'était pas le temps de faire mon cute, que j'étais le sujet d'un jugement très grave.

Je souris moi aussi. J'essayai de copier leur façon de sourire, cette froideur, ce sérieux, manière de leur dire écoutez, je ne suis pas dupe, nous sommes entre gens civilisés et vous ne m'impressionnez pas. Ce qui était d'ailleurs faux. Je n'avais pas du tout envie de sortir de cette pièce humilié, sali, honteux.

« Non. J'ai lu aucune pièce d'Edward Albee. J'ai juste lu des résumés ou des critiques de *Who's afraid of Virginia Woolf* ?. J'savais même pas qu'y'avait écrit d'autres pièces, j'pensais que c'était sa première. Y'a quel âge ? »

Ils se regardèrent encore, peu convaincus, semblait-il.

Ce fut évidemment madame Frey, qui, après tout, était censée tout savoir, qui me répondit.

« Je ne sais pas au juste, mais il est quand même pas mal plus vieux que vous... »

Charles Dumas toussa dans son poing et je sus que la question épineuse arrivait.

« Vous ne connaissez donc pas une pièce de lui qui s'intitule *Zoo Story* ? »

Je soupirai de soulagement. Je ne connaissais *vraiment* pas cette pièce. Je crois qu'ils se rendirent compte de mon soulagement parce que la qualité du sourire de madame Frey changea.

« Non. J'connais même pas le titre. Mais chus assez intelligent pour comprendre que vous trouvez que ma pièce y ressemble étrangement... »

Le sourire de madame Frey s'élargit encore.

« En effet. Quand avez-vous écrit cette pièce, monsieur Rathier ?

— Tremblay, madame.

— Oui, c'est vrai, pardon, Tremblay... »

J'avais écrit *Le Train* le week-end de Pâques 1959, je me le rappelais très bien parce que ç'avait été, j'avais seize ans, le premier texte de théâtre dans lequel j'avais essayé d'exprimer des choses qui se passaient dans ma vie à ce moment-là ou, du moins, dans ma tête, sans sentir le besoin de les transposer dans le domaine de la littérature fantastique.

Je leur racontai tout : comment l'idée m'était venue de prendre les deux choix qui s'offraient alors à moi (ce que j'avais appelé alors mon côté beatnik et mon côté rangé), d'en faire deux personnages différents, un jeune homme un peu bohème qui s'est sauvé de la ville au moment où sa femme accouchait parce qu'il avait peur qu'elle ait trop mal et un deuxième, plus vieux, plus domestiqué, probablement bourgeois sur les bords, choqué des paroles de l'autre mais tenant quand même des propos qui me préoccupaient, moi ; les trois jours que j'avais passés presque enfermé dans ma chambre, à essayer de donner aux personnages un peu de vie, un peu de consistance, l'immense plaisir en même temps que le grand vertige de mettre mes propres problèmes presque tels quels sur une feuille au lieu d'écrire, comme je venais d'apprendre à le faire, des histoires où tout était transposé, où il aurait été impossible de remonter jusqu'à moi parce que je ne voulais pas qu'on le fasse.

« Sans avoir ni lu ni vu *Zoo Story*...

— Écoutez, si vous me croyez pas, ça sert à rien de continuer à parler ! J'vois pas pourquoi j'vous conterais ma vie si vous avez décidé d'avance que j'ai copié sur Edward Albee ! »

Madame Frey feuilletait mon texte.

« Il y a une chose curieuse dans votre pièce. Le train que vous décrivez est un train européen, est-ce que vous le saviez ?

— Comment ça, un train européen ?

— Vous décrivez un train à compartiments... Les trains à compartiments n'existent pas en Amérique du Nord, monsieur Tremblay ! »

J'étais confondu. Parce que je ne le savais pas.

« Y'a quand même pas un train dans la pièce d'Edward Albee aussi !

« Non, non, pas du tout, rassurez-vous, *Zoo Story* se passe à Central Park, à New York...

— Écoutez, j'ai pris le train une fois dans ma vie, pour aller chez ma tante Marguerite à l'île Perrot, et j'étais trop petit pour remarquer ces choses-là, c'est la seule explication que je peux vous donner. Ma connaissance des trains me vient probablement des films européens que j'ai vus et des livres que j'ai lus... Chus désolé...

— Vous avez plus de vingt et un ans et vous avez pris le train une seule fois dans toute votre vie ?

— Chus un pur produit de la ville pis mes parents ont jamais eu les moyens d'avoir une maison de campagne. Est-ce qu'y faut que je m'excuse, en plus, de pas connaître les trains ?

— Non, non, bien sûr... C'est... curieux.

— C'est pas curieux du tout ! Allez vous promener sur le Plateau Mont-Royal, un peu, pis vous allez en rencontrer d'autres, des gens qui connaissent pas les trains ! »

J'étais furieux, je me serais levé et je serais reparti me cacher chez nous pour le reste de ma vie.

« Ce n'est pas grave...

— Ben oui, c'est grave ! C'est ben plus grave que de me faire dire que j'ai copié sur Edward Albee ! J'ai l'air d'un ignorant pis j'trouve ça pire que de passer pour un plagiaire, si vous voulez savoir ! »

Charles Dumas changea le sujet de la conversation, peut-être pour me sortir du trouble dans lequel Madame Frey venait de me jeter.

« Vous avez apporté autre chose, comme on vous l'avait demandé, une autre pièce, par exemple ? »

Je leur tendis une énorme pile de papier, des centaines de feuilles dactylographiées, résultat de presque trois ans de travail.

« J'ai jeté toutes mes autres pièces parce qu'y'étaient trop mauvaises mais y me reste tout ça qui date de la même période... C'est une quarantaine de contes fantastiques que j'ai écrits entre l'âge de seize et de dix-neuf ans... »

Le monsieur qui ne parlait pas les prit, les distribua en trois parties à peu près égales et ils se mirent à les consulter comme si je n'étais plus du tout là.

« Vous n'avez rien de plus récent ? »

Cette question-là était beaucoup plus délicate que toutes les autres. Comment expliquer à des gens qui sont en train de vous juger que vous n'écrivez plus depuis des mois parce que vous avez un blocage, que vous êtes incapable de produire quoi que ce soit parce que vous jugez que ce que vous écriviez adolescent était supérieur à ce que vous faites maintenant ? Je n'essayai même pas et me contentai de leur répondre que non, je n'avais rien de plus récent.

Madame Frey, Dieu merci, semblait apprécier ce qu'elle lisait ; elle en montrait des bouts au deux autres qui commencèrent à hocher la tête. Je respirais mieux.

Elle leva les yeux vers moi, presque bienveillante. Son attaque me surprit donc d'autant plus.

« Une autre chose me tracasse, monsieur Tremblay. Vous dites avoir écrit cette pièce à l'âge de seize ans, en 1959. Il y a eu un Concours des jeunes auteurs, depuis. Pourquoi n'y avez-vous pas soumis votre pièce ? »

La réponse était tellement simple et en même temps tellement ridicule qu'elle sortit toute seule.

« Au cas où je gagnerais pas ! »

Je leur racontai alors que j'avais soumis deux textes de théâtre au dernier concours, celui de 1961 ; des choses assez plates dont je n'étais pas très content (une scène biblique en vers libres — eh oui — et une pièce qui se passait pendant un party d'Halloween et dont le héros, qui vivait une peine d'amour épouvantable, était déguisé en religieuse), pour lesquelles je savais n'avoir aucune chance mais que je soumettais quand même pour pouvoir me vanter auprès de mes amis de l'avoir fait. J'avais bien lu les règlements et bien fait mes devoirs : j'avais séparé ma feuille huit et demie par onze en deux en écrivant les dialogues à droite et les didascalies à gauche, j'avais signé d'un pseudonyme, ajouté une enveloppe avec mon vrai nom, et tout, et tout, mais j'avais gardé *Le Train* pour moi parce que c'était un texte qui me tenait à cœur, dans lequel j'avais exprimé des choses importantes et pour lequel je me savais incapable de souffrir un éventuel échec. J'avais donc attendu deux ans et, l'année précédente, ce texte n'ayant plus l'importance qu'il avait eue pour moi au moment où je l'avais écrit, j'avais décidé de le soumettre au Concours des jeunes auteurs de Radio-Canada, mais *sans le signer de mon vrai nom* (j'avais utilisé Rathier, le nom de famille de ma mère dont le père était un marin français, disparu depuis longtemps sur un cargo au long cours) au cas où, un jour, quelqu'un finisse par apprendre que j'en étais l'auteur et me remette cet échec sous le nez ! De toute façon, j'avais vingt et un ans, j'étais à la limite d'âge imposée par le concours, c'était ma dernière chance...

« Quel orgueil ! »

Charles Dumas avait l'air intrigué.

« C'était pas de l'orgueil. »

Et de leur parler du défaitisme congénital des membres de ma famille, probablement hérité de générations de *losers* qui se confortaient dans la notion d'un destin malveillant plutôt que de faire face à leur propre manque de courage ou d'obstination. Et de notre sens du drame et de l'exagération, cadeau de ma mère qui avait un talent extraordinaire pour transformer les plus petits revers de la vie en grandes tragédies en cinq actes avec dénouement tragique et tout.

Ils sourirent, puis rirent franchement.

Mais Charles Dumas en profita pour ajouter la cerise sur le sundae.

« On nous dit aussi que vous êtes ouvrier... »

* * *

Je suis sorti de là épuisé, la tête bourdonnante, mais assez content de moi. Je ne savais pas si je les avais convaincus ou touchés, mais j'avais au moins gardé ma fierté en leur expliquant le plus simplement possible qu'on pouvait très bien avoir le droit de noircir des feuilles de papier sans être passé par les collèges ou les universités.

Ils n'avaient pas reparlé d'Edward Albee mais je me proposais bien de le lire. Puis je décidai que non, pensant que si ma pièce ressemblait vraiment à la sienne, j'en serais profondément bouleversé et que ce n'était pas le temps de me mettre des idées noires dans la tête. (Je n'ai connu *Zoo Story* que beaucoup plus tard, à l'occasion d'une production du Théâtre du Nouveau Monde qui avait quitté depuis longtemps l'Orpheum pour s'installer à la Place des Arts, et je fus très fier de ne pas l'avoir lue au moment du Concours des jeunes auteurs parce que la différence entre les deux était que la pièce d'Albee était magnifique et la mienne le pauvre petit devoir d'un adolescent boutonneux qui se prend pour un écrivain... La ressemblance ne tenait qu'au fait que c'étaient des pièces à deux personnages, deux hommes, dont l'un était bourgeois et l'autre intellectuel. Et la première production de *Zoo Story* en Amérique avait eu lieu en 1960, un an après la rédaction du *Train* !)

Je repris l'autobus en me demandant si j'avais des chances de gagner l'un des trois prix attribués dans le domaine du théâtre. Je me permis de rêver que oui pour les semaines qui vinrent et je passai des moments absolument sublimes à préparer et vivre en imagination des discours de remerciements, un peu comme ceux qui me pâmaient tant chaque année pendant la cérémonie des Oscars (mais jamais, au cours de ces rêves que je faisais éveillé, je ne me contentai d'un deuxième ou troisième prix, j'obtenais *toujours* le premier !).

$$* * *$$

Quand je reçus l'invitation pour le gala qui devait avoir lieu le 4 juin 1964, je faillis défaillir de joie. Ma cote remontait : on n'invitait quand même pas les dix finalistes !

Et je sus que j'avais le premier prix quelques jours avant la cérémonie. Une photo de la pièce gagnante dans *La Presse* montrait deux personnages dans un train dont l'un tenait dans ses mains un revolver. C'était bien ma pièce ! J'allai tout de suite montrer la coupure à ma tante et à mon père qui restèrent tellement stupéfaits (je leur avais caché ma visite à Radio-Canada et mes chances d'obtenir un prix au cas, encore une fois, où je ne gagnerais rien) qu'ils ne trouvèrent rien à dire, se contentant de me regarder avec de grands yeux ronds.

Je pouvais lire la pensée de ma tante très clairement :
« Encore ses idées de fou ! On n'a pas fini ! »

Puis elle finit par me dire en posant le doigt sur la photo :

« Comment tu fais pour savoir que c'est ta pièce ?
Ton nom est même pas là !

— À cause des deux personnages, ma tante, pis du fusil. Y'a juste deux personnages dans ma pièce, pis y'en a un qui a un fusil !

— Y'a un fusil dans ta pièce.

— Ben oui...

— Pourquoi ?

— Ça serait trop long à t'expliquer, ma tante...

— C'est pas une affaire de violence, là, toujours ?

— Ben non... Disons... disons que le gars est pas dons son assiette pis qu'y transporte un fusil avec lui...

— J'comprends qu'y'est pas dans son assiette ! Pis t'écris des affaires de même, toé !

— Laisse faire, ma tante, tu regarderas la pièce dimanche soir, pis tu vas comprendre.

— J'espère que j'vas comprendre ! Chus pas revenue prendre soin de vous autres pour me retrouver avec un filleul qui écrit des folies à la télévision ! »

J'ai découpé l'article, l'ai posé sur ma table de chevet. Mais je ne suis pas certain que je comprenais très bien ce qui se passait, que j'enregistrais vraiment le sens de tout ça. C'était un peu comme si je n'avais pas tout à fait cru que ces événements-là étaient en train de se dérouler et que je vivais avec une patience infinie un rêve trop long qui ressemblait à la réalité tout en étant invraisemblable. Les chances que la chose qui m'arrivait se produise vraiment étaient tellement minces que je vivais en marge de tout ça, en spectateur, en quelque sorte. Pendant les derniers jours précédant le gala, j'aurais dû être excité, énervé, traqué, je n'étais qu'assommé. J'avais prévenu mes amis de la rue Fabre, mes camarades de travail, mais en ayant l'impression que quelqu'un d'autre parlait à ma place et à la première personne d'un événement qui arrivait à un troisième individu que je trouvais chanceux mais que je ne connaissais pas du tout.

Avant de me coucher, je prenais la photo dans mes mains, relisais la légende, me disais : c'est moi, ça, c'est de moi qu'il est question... Rien.

J'ai gardé très longtemps la photo de *La Presse* avec sa légende mais je n'arrive plus à la retrouver. Jean Brousseau et Ronald France y avaient jauni avec les années, le papier s'était criblé de taches de moisissure, mais c'était la première preuve tangible et officielle de mon existence d'écrivain, même si mon nom n'y figurait pas parce qu'on gardait le secret jusqu'au dimanche soir, et j'y tenais. Je sais que je pourrais me faire une photocopie mais ce ne serait pas comme de posséder l'original...

J'avais évidemment tout de suite confirmé ma présence au gala par téléphone et on m'avait donné un rendez-vous ferme pour le dimanche matin, à l'hôtel Reine-Élisabeth récemment rénové, où — la voix était officielle et, disons-le, franchement snob — j'aurais le plaisir de rencontrer et de côtoyer les autres *victorieux* !

Mais un problème important se présenta. On exigeait, au gala et à la journée de réjouissances qui le précéderait, la présence d'un parent pour chaque gagnant. J'eus beau dire que j'avais vingt et un ans, que j'étais un adulte responsable et consentant, que je n'avais plus besoin d'un chaperon, rien n'y fit. Mon père ne voulait rien savoir de cette histoire de gala chic ; quant à mes frères, je n'allais tout de même pas leur demander de m'accompagner comme si j'avais été un enfant !

Mon père finit par maugréer un vague oui la veille de la remise des prix, après que je lui eus dit qui je n'irais pas moi non plus s'il ne venait pas avec moi. J'en étais réduit au chantage sentimental et je m'en voulais.

* * *

Nous avions rendez-vous à dix heures du matin. Nous arrivâmes, mon père et moi, une heure en retard, Dieu merci ! Papa avait décidé ce matin-là qu'il avait changé d'idée et j'avais eu toute la misère du monde à le convaincre de s'habiller et de me suivre. Quand le taxi était arrivé, il était encore pieds nus et n'avait pas l'air d'avoir l'intention de mettre ses chaussures...

Les organisateurs de la fête avaient donc loué une suite de l'hôtel Reine-Élisabeth pour toute la journée, allez savoir pourquoi. Lorsque nous nous sommes présentés à cette suite, la « fête » battait déjà son plein, c'est-à-dire qu'un groupe de jeunes collégiens accompagnés de leurs parents et vautrés dans d'inconfortables meubles flambant neufs faisaient la conversation où primaient la satisfaction de soi et la vantardise. Lorsque la personne préposée aux réjouissances nous guida jusqu'au grand salon, j'entendis très distinctement quelqu'un dire : « Ce doit être lui... » Et le silence se fit.

Ils avaient dû avoir le temps de faire connaissance (certains se connaissaient de vue pour s'être déjà croisés dans des festivités du même acabit ou des corridors d'école), de se demander qui était l'auteur de la pièce des deux gars avec un revolver dont ils avaient vu la photo dans le journal, ne l'avaient pas trouvé parce qu'il ne faisait pas partie des leurs, avaient posé des questions aux organisateurs et, me voyant arriver, m'avaient, en quelque sorte, *reconnu*.

Je sus tout de suite par le ton qu'ils utilisèrent pour me parler que leur femme de ménage devait s'appeler madame Tremblay.

Il est assez difficile d'imaginer la chose aujourd'hui, mais je me suis vraiment fait reprocher d'entrée de jeu non pas d'être issu du milieu ouvrier, certains d'entre eux en venaient, mais d'y être resté ! Un des autres lauréats dans la catégorie théâtre, en particulier, ne le prenait pas qu'un *linotypiste* non seulement gagne au même titre que lui mais le batte par-dessus le marché ! Il le disait ouvertement, comme si je ne l'avais pas entendu ou comme si j'avais été trop bête pour pouvoir comprendre les pierres précieuses qui sortaient de sa bouche ! C'est lui qui menait le bal, c'était évident, les autres se contentant d'acquiescer à tout ce qu'il disait, comme ses compagnons de classe, probablement, ses professeurs, ses parents. Le premier de classe dans toute sa splendeur. Il claironnait sans complexe que sa pièce était sans aucun doute supérieure à la mienne mais que le jury m'avait préféré, moi, parce que ça commençait à être bien vu de faire peuple !

Je n'en croyais pas mes oreilles : nous nagions en plein mélodrame sur la lutte des classes ! Toujours est-il que je me suis vite rendu compte que je ne serais pas très populaire ce jour-là et je regrettai tout : d'être venu, d'avoir piégé mon père, d'avoir écrit la pièce, de l'avoir soumise au concours, d'avoir accepté d'être finaliste, d'avoir découpé la photo dans le journal... d'exister, presque.

Mon père, évidemment, n'entendait rien de ce qui se disait mais devina les mauvaises vibrations et choisit de rester discret et silencieux, ce qui était mauvais signe. S'il s'était senti à l'aise, il aurait tout de suite serré des mains, parlé, comme à la taverne, pour le plaisir de voir les têtes se tourner, sourire, acquiescer à ce qu'il disait ; mais à l'air qu'il prit, renfrogné, timide, exclu, je compris qu'il aurait, tout comme moi, voulu se voir loin de l'hôtel Reine-Élisabeth en ce beau dimanche de juin !

Un déjeuner assis avait été organisé, qui fut un cauchemar de tous les instants. Il faut avouer, cependant, que je suis très mal fait ; quand quelque chose me contrarie, je bloque, je me ferme complètement et il n'y a rien à faire pour me tirer de mon mutisme (d'habitude je m'arrange pour disparaître, mais là c'était plutôt difficile). Dès l'instant, donc, où nous fûmes attablés, je décidai d'abandonner toute tentative de gentillesse ou d'effort pour communiquer avec les autres gagnants, surtout leur leader qui s'était d'office emparé de la place d'honneur au bout de la table en ressassant une fois de plus sa rancœur contre l'injustice des concours, et au lieu d'essayer de me faire aimer ou accepter, je choisis, par pure provocation, de faire comme si j'étais avec mon père dans un restaurant où nous aurions choisi de fêter l'événement tout seuls. Ce fut relativement efficace, jusqu'au moment, en tout cas, où mon père fit une gaffe insignifiante mais qui prit des proportions tout à fait exagérées.

Au café, il demanda du sucre. C'était la première fois qu'il parlait — il avait passé le repas le nez dans son assiette — et plusieurs têtes se tournèrent dans sa direction.

Quelqu'un murmura : « Il parle ! » ; deux ou trois personnes, dont un autre père, barbu jusqu'au col de chemise, pouffèrent. Les barbus étaient rares à cette époque-là et avaient plutôt la réputation d'être libéraux ; je fus donc assez étonné d'en voir un rire d'un ouvrier timide. On passa néanmoins le sucre à mon père. Chez nous, on se servait de sa propre cuiller pour sucrer son café, son thé ou son dessert ; ma mère disait : « Ça fait une cuiller de moins à laver... » et on comprenait très bien. Ici, une jolie cuiller en argent trônait dans le sucrier du même précieux métal ; mon père la prit, sucra son café... et eut le malheur de mettre l'ustensile dans sa tasse pour brasser son breuvage ! Crime de lèse-majesté, scandale, indignation ! Tout le monde, mais *tout le monde* le regarda comme s'il venait d'assassiner la reine dont l'hôtel portait le nom ! Mon père se rendit compte de son erreur, rougit jusqu'à la racine des cheveux. Le silence qui se fit alors autour de la table était tellement épais et tellement tangible qu'on avait vraiment l'impression que quelqu'un venait de poser un acte épouvantable.

J'étais au bord de me lever et de tout faire revoler — moi si peu violent — lorsqu'une dame assise en face de moi prit le sucrier, se servit avec sa propre cuiller qu'elle laissa ensuite là pour que les autres puissent en profiter. C'était fait avec une telle élégance, une telle gentillesse, que nous lançâmes en même temps, papa et moi, deux magnifiques sourires à cette dame qui continua à faire comme si de rien n'était.

Le repas fini, mon père me prit à part et me dit :

« Écoute, faut pas que tu m'en veules mais chus pas capable de rester icitte. Y faut que je m'en aille. J'peux pas passer toute la journée comme ça... »

Il avait honte, moi aussi, et nous étions tous les deux malheureux. Je lui dit que je comprenais très bien, qu'il avait raison de s'en aller... Il me laissait seul dans la fosse aux lions mais j'en était plutôt soulagé. Je pourrais peut-être mieux me défendre !

* * *

Cet après-midi-là, nous devions visiter Radio-Canada de fond en comble, pas seulement le studio 42, mais tout : le département des costumes sur Sainte-Catherine au coin de Drummond, les salles de répétition sur de Montigny près de Guy, l'atelier de décors, les studios, bien sûr (cette fois, j'allais moi-même occuper le 42 et je n'en revenais pas !), la salle de nouvelles, etc. Mais à la dernière minute, nous apprit-on, cette excursion était devenue impossible parce que c'était dimanche (on aurait pu y penser avant !) et nous allions plutôt faire la grande visite de... l'aéroport de Dorval ! Je ne voyais vraiment pas le rapport entre l'aéroport de Dorval et le Concours des jeunes auteurs, puis je devinai qu'on avait organisé cette dernière activité en catastrophe, pour se débarrasser de nous parce qu'on ne savait probablement pas quoi faire pour nous occuper jusqu'au gala !

Un autobus nous attendait. Je traînai un peu de la patte, m'arrangeai pour monter l'un des derniers et m'assis près du chauffeur, tête basse, faussement concentré. Quelqu'un nous expliqua avec un faux enjouement (ce n'était pourtant pas le temps de nous jouer une scène de *La Boîte à surprises*!) que depuis qu'on l'avait rénové, Dorval était l'un des plus modernes aéroports du monde et que cette visite nous intéresserait au plus haut point. J'entendis quelques gloussements que je me retins de joindre ; un père dit à haute voix que Radio-Canada se donnait bien de la peine pour rien, que quant à lui le gala aurait amplement suffi ; son intervention fut saluée par des applaudissements, faibles mais sincères. Encore une fois je me retins de faire comme eux ; ils avaient raison mais en aucun cas je n'aurais laissé savoir que j'étais d'accord avec eux.

De cette visite, il ne me reste que deux souvenirs, l'un flou et l'autre très précis. Le premier concerne le service de la météo. On nous montra la pièce d'où arrivaient et partaient les pronostics de la température : les plaisanteries fusèrent, on nous expliqua cependant qu'ils étaient plus exacts que nous le croyions, on nous sortit même des statistiques que personne ne crut, d'ailleurs. Les prévisions de la météo étaient déjà un sujet de moquerie et certains parents, surtout, s'en donnèrent à cœur joie. Visuellement, je me souviens vaguement d'une espèce de chaîne de montage qui n'était pas sans rappeler les machines que possédait l'Imprimerie Judiciare où je travaillais et qui servaient à assembler et relier les livres. C'était une machine, si mon souvenir est bon, qui acheminait les télégrammes que les météorologues recevaient d'un bout à l'autre du pays. L'ennui !

L'autre souvenir est la chose la plus agréable qui me soit arrivée ce jour-là. Je me souviens très bien que nous étions tous dans un corridor assez large et en pente douce. J'avais envie de laisser le reste du groupe me devancer, je pourrais alors me sauver, prendre un taxi, retourner chez nous jusqu'au soir, jusqu'au moment, en fait, d'aller chercher mon maudit trophée (s'il y en avait un !), lorsque la dame qui était venue à la rescousse de mon père durant le repas et qui, visiblement, accompagnait sa fille s'approcha de moi, me tendant la main.

« Mon nom est Marthe Blackburn. Voici ma fille Esther qui gagne un prix, nous ne savons pas encore lequel, dans la catégorie poésie. »

Esther Blackburn était aussi charmante que sa mère et nous fîmes connaissance avec de part et d'autre, je crois, un certain soulagement.

Marthe Blackburn m'expliqua qu'elle était la femme du musicien Maurice Blackburn ; j'en fus estomaqué.

« Celui qui compose la musique des films de MacLaren ?

— Vous les connaissez ?

— J'comprends que je les connais ! C'est une de mes idoles ! »

Nous passâmes une fin d'après-midi agréable ; Esther m'expliqua qu'elle voulait devenir un auteur de science-fiction (elle écrit d'ailleurs aujourd'hui sous le nom d'Esther Rochon les meilleurs romans de science-fiction du Québec), je lui parlai de ma passion pour le fantastique ; madame Blackburn était visiblement ravie et finit même par m'inviter chez elle un bon soir... Je lui expliquai que je travaillais le soir, elle rit, me répondit qu'elle doutait fort que je travaille le samedi et le dimanche soir... Le groupe maudit commençait à les regarder toutes les deux avec un certain mépris, comme si elles étaient en train de rejeter leur caste par le seul fait de m'adresser la parole. Elles semblaient s'en

moquer (Marthe Blackburn avait un geste de la main :
« Laissez-les donc faire, c'est sans importance », qui me
ravissait).

La visite de l'aéroport de Dorval se termina dans
l'ennui général, sauf pour nous. Nous n'écoutions plus
du tout les explications du guide et jasions comme de
vieux amis. Esther avait même commencé à m'expliquer qu'en faisant le son et la musique d'un certain film
de MacLaren pour lequel il avait besoin de bruits de pas
dans la neige, son père avait écrasé un tout petit micro
sur sa moustache pendant des heures, obtenant un
résultat absolument stupéfiant de vérité, et mon rire,
qui n'a jamais été subtil ni discret, avait fait se tourner
les têtes.

J'étais plus décontracté et prêt à faire face au reste
de cette journée infernale ; tout pouvait m'arriver,
j'étais prêt.

Et tout m'arriva.

* * *

Première déception de la soirée. On avait monté
des estrades autour d'un décor central tout à fait quelconque au milieu duquel trônaient deux podiums sur-
montés de deux lutrins. Pas de décor de train. M'étais-je
trompé tout ce temps-là ? Ma tendance naturelle à la
paranoïa en profita pour se manisfester et je pensai être
dupe d'une mauvaise plaisanterie ; j'essayai de me
raisonner en me disant qu'on n'avait quand même pas
placé cette photo dans le journal uniquement pour me
jouer un tour... le petit malaise persistait. Surtout que
lorsqu'on me donna ma place, je me rendis compte que
j'étais au dernier rang, tout là-haut, dans un endroit

très peu digne d'un premier prix : on m'avait installé au bout d'un escalier, sur une chaise droite très inconfortable. Encore là j'essayai de me dire que ce serait plus commode pour me rendre jusqu'au podium lorsqu'on dévoilerait mon nom, mais le doute persistait, insidieux, indécollable.

Deuxième déception. Une toile de cinéma était pendue au-dessus du décor et je compris que même si je gagnais vraiment, je ne verrais pas ma pièce en direct, qu'elle avait dû être filmée plus tôt, par commodité ou, encore une fois, pour me faire chier. Si mes personnages n'étaient pas présents devant moi (ce serait après tout la première fois que je les verrais en chair et en os), quel était l'intérêt de les regarder sur un écran ? J'aurais tout aussi bien pu rester chez moi !

Troisième déception. Marthe et Esther Blackburn étaient assises à l'autre bout de la salle.

Quelqu'un vint nous dire que le gala durerait plus d'une heure, qu'il était absolument défendu de se lever pendant l'émission et surtout de changer de place, même pendant la projection de la pièce gagnante. Je pris évidemment cette remarque pour une insulte personnelle. Ma pièce n'était donc pas assez intéressante pour qu'on l'endure jusqu'au bout ?

Le gala finit par commencer.

J'étais épuisé, malheureux, je n'étais pas sûr que ce que je ressentais était le trac ou le dégoût de tout ça, le concours, le prix, la journée infernale qui s'achevait dans la *projection* de ma pièce plutôt que sa représentation véritable...

La première demi-heure s'écoula dans une espèce de coton ouaté où flottent quelques souvenirs : Michelle Rossignol et quelqu'un d'autre, un acteur, mais je ne me souviens plus lequel, peut-être Albert Millaire, ou alors Luc Durand, qui lisent les poèmes gagnants — très bien, d'ailleurs, les applaudissements fusent — ; les lauréats qui se lèvent, saluent... Esther Blackburn que j'applaudis à tout rompre.

Puis vint le moment de présenter les prix pour le théâtre. L'inévitable Henri Bergeron présenta les troisième et deuxième prix, les auteurs se levèrent, saluèrent, sérieux, presque tristes. Et on annonça le grand prix de la soirée, sans toutefois dévoiler le nom de l'auteur.

Les lumières baissent, l'écran s'éclaire et commence l'une des pires et des plus longues demi-heures de ma vie. La projection est mauvaise, le son est différé de quelques secondes (en fait, on entend le son *après* que les répliques ont été dites, et comme celles-ci sont souvent très courtes, on ne sait plus qui dit quoi). Ronald France et Jean Brousseau semblent excellents, mais je ne peux vraiment pas juger, perdu que je suis dans mon propre texte que je connais pourtant par cœur. J'attendais un décor en couleur, des acteurs vivants, une émotion, surtout, une émotion qui serait partie du cœur même de mon texte pour se propager dans la salle, la prendre à la gorge, la mater, mais rien de tout cela ne se produisait : tout était en noir et blanc délavé à cause d'une projection médiocre, on mélangeait les répliques parce qu'on voyait rarement le personnage qu'on entendait et absolument rien qui aurait pu ressembler même de loin à une quelconque émotion ne passait dans la salle, qui se faisait impatiente, bruyante (ah ! les maudits toussotements), presque vindicative.

Au beau milieu de la projection, une jeune fille monta l'escalier devant moi, s'accroupit.

« Michel Tremblay ? »

J'avais envie de lui hurler : « Chus en train de regarder ma pièce, calvaire, c'est la première fois de ma vie, sacrez-moi patience ! » mais je me contentai de lui répondre un petit oui gêné.

« Vous allez me suivre... On va vous interviewer en direct après la projection de votre pièce... suivez-moi... »

Quoi ! On ne m'avait jamais dit que j'aurais en plus à parler en direct à la télévision ! Je ne voulais pas ! Mais je la suivis en me penchant moi aussi. J'ai toujours eu, je crois, le sens du ridicule, un sens très développé des situations absurdes qui m'empêche la plupart du temps de sombrer dans l'hystérie ou la dépression mais, cette fois, je faillis prendre mes jambes à mon cou et disparaître pour le reste de mes jours dans le confortable anonymat de la linotypie. Je ne voulais plus rien, ni prix, ni carrière, ni réputation, je voulais être dans mon lit et dormir.

Pendant que continuait la mauvaise projection de ma pièce, on me montra une autre chaise inconfortable dans laquelle je me glissai tant bien que mal. Un jeune homme, déjà installé dans l'autre chaise, se pencha vers moi.

« Michel Tremblay ?

— Ben oui...

— C'est votre première interview à la télévision ?

— Ben oui...

— Moi aussi. J'arrive de la radio. Je me présente, Jacques Boulanger. »

En plus, le gars qui allait me poser des questions ne connaissait pas plus la télévision que moi !

La pièce finit par finir : le train entra dans un tunnel, l'un des personnages tua l'autre puis se mit à dire : « Je suis un assassin ! Je suis un assassin ! » avant de poser sur le corps de sa victime le cigare qu'il avait essayé de lui donner depuis le début. Le générique se déroula dans l'indifférence générale.

De l'interview elle-même je ne me souviens que de l'accent français que j'empruntai par pure timidité et aussi parce que j'étais à la télévision et qu'à la télévision on ne roulait pas les « r » comme je le faisais dans la vie. J'ânonnai des réponses vagues et un peu idiotes, avec une voix faiblarde ; j'étais bien loin du brillant numéro que j'avais fait dans le bureau du jury ! Je m'attendais presque à ce que Jacques Boulanger, lui aussi fou de trac, me demande si je connaissais *Zoo Story* d'Edward Albee !

Quand tout fut fini, quelqu'un au podium, je ne sais plus si c'était Henri Bergeron ou quelqu'un d'autre, dit une chose qui faillit m'achever :

« Pour une année plutôt faible dans le domaine du théâtre, le premier prix va à Michel Tremblay, de Montréal. »

Une année faible ! Je gagnais le premier prix d'une année faible en théâtre !

Quelques timides applaudissements, quelques huées, aussi (probablement le collège Sainte-Marie ou le Mont Saint-Louis qui se vengeait). Je voulais mourir en me dirigeant vers mon trophée et je crois bien que je suis un peu mort.

* * *

Au cocktail qui suivait la cérémonie, personne à part les Blackburn n'est venu me féliciter ; je le comprends un peu, ce qu'on venait de voir n'était pas une folle réussite... Je restais planté là, au beau milieu de la salle de réception, avec mon verre de mousseux pompeusement rebaptisé champagne et mon trophée qui me brûlait quasiment les mains (une année plutôt faible en théâtre ; tout le monde l'avait entendu, cette victoire n'en était pas une !), un sourire quand même accroché aux lèvres mais sur lequel n'importe quel idiot aurait pu lire le dépit qui me grugeait.

Une caméra de Radio-Canada se promenait dans la foule ; on demandait aux gens ce qu'ils avaient pensé de la cérémonie, de la pièce gagnante ; est-il besoin d'ajouter que je ne voulais sous aucun prétexte entendre les commentaires...

Arrivé à moi, l'animateur me braqua le micro sous le nez et me demanda à brûle-pourpoint :

« Michel Tremblay, vous êtes le grand gagnant de la soirée, quel est votre auteur de théâtre préféré ? »

Pour faire chier tout le monde, pour enfin poser un geste dans ma journée qui me satisferait, moi, à travers lequel je ne me sentirais pas trou de cul, j'ai répondu, avec un grand sourire prétentieux :

« Moi ! »

* * *

Mon retour à la maison fut loin d'être glorieux. Ma tante me dit que mon père s'était couché tout de suite après la cérémonie, elle-même tergiversait, ne voulant probablement pas m'insulter ou me décevoir.

« C'tait ben beau, mais c'tait dur à comprendre... C't'histoire de fusil-là, moé... Mais la morale était bonne... »

La morale ? Quelle morale ? J'avais justement voulu écrire un texte complètement amoral ! Rien de mon père le lendemain. Ni jamais, d'ailleurs.

Quant à mon frère Jacques, il se contenta de me dire qu'il y avait une faute grave dans la première réplique de ma pièce : on ne dit pas « Je vais à la ville », comme le dit le personnage de X, mais « Je vais *en* ville ». Fin de la critique.

Le lendemain, au travail, ce fut pire.

J'arrivais toujours vers cinq heures moins dix, au moment où les ouvriers de jour se préparaient à partir ; je ne les connaissais donc pas beaucoup. Ce jour-là, ils m'attendaient avec des sarcasmes et des moqueries alors que j'avais cru qu'ils seraient contents qu'un des leurs gagne quelque chose, un concours quand même important, à la télévision. Mais peut-être étaient-ils effectivement fiers mais incapables de l'exprimer...

Inadapté j'étais, inadapté je restais, d'un côté comme de l'autre. Je n'appartenais pas plus au monde artistique qu'à celui de l'imprimerie...

Ma seule consolation me vint de mes amis de la rue Fabre et ceux de l'Institut des arts graphiques qui, eux, connaissaient la pièce et qui me dirent de très belles choses sur la production (ce qu'on avait vu à la télé avait été, semble-t-il, de beaucoup supérieur à ce que j'avais vu, moi, en studio). Ginette et Louise Rouleau, Michelle Chabot, Gérard Sanchis, Réal Bastien, Guy Archambault, Gilles Cyr, Pierre Morrissette, Claude Sauvé et les autres m'entourèrent pendant ce moment difficile, m'encourageant à continuer à écrire alors que je voulais abandonner définitivement.

Mais il se passerait encore quelques mois avant que mon vrai sauveur se présente en la personne d'André Brassard que j'avais déjà rencontré mais qui n'était pas encore devenu un ami. Je trouverais chez ce jeune metteur en scène en herbe — il avait dix-huit ans et moi vingt-deux — la même passion pour le théâtre, la même soif de créer, la même curiosité pour tout ce qui était culture, un humour qui ressemblait au mien, des goûts pareils à ceux que je développais encore. Nous serions, dans les années qui suivraient et qui nous mèneraient tout naturellement jusqu'à la création des *Belles-Sœurs*, chacun le Pygmalion de l'autre, en quelque sorte. Mais ça, c'est un autre livre !

KEY WEST, 7 janvier-10 mars 1992

265

TABLE

Achevé   Imprimerie
d'imprimer Gagné Ltée
au Canada Louiseville